과학 패권과 과학민주주의

— '열린 사회과학'의 모색

서강학술총서
013

과학 패권과 과학민주주의

'열린 사회과학'의 모색

김웅진 지음

서강대학교출판부

서강학술총서 013

과학 패권과 과학민주주의

— '열린 사회과학'의 모색

초판발행 | 2009년 12월 2일
지 은 이 | 김웅진
발 행 인 | 이종욱
편 집 인 | 우찬제
발 행 처 | 서강대학교 출판부
등록번호 | 1978년 9월 28일 제313-2002-170호

주　소 | 서울특별시 마포구 신수동 1번지
전　화 | (02) 705-8212
팩　스 | (02) 705-8612

ISBN 978-89-7273-156-6 94300
ISBN 978-89-7273-139-9(세트)

값 12,000원

* 잘못된 책은 구입하신 곳에서 바꿔드립니다.

* '서강학술총서'는 SK SUPEX 기금의 후원으로 제작됩니다.

머리글

과학행위는 불안하고 불편해야 한다. 즉, 진정한 과학자는 토머스 쿤(Thomas Kuhn)의 말을 빌리자면 "무엇인가 잘못되었다"(something has gone wrong)는 생각에 늘 사로잡혀 있어야 한다. 왜냐하면 편안한 과학행위는 행위를 계도하는 규준과 협약에 대한 맹목적 확신에 기반을 두고 있기 때문이다. "강한 과학"(strong science)에 속한 과학자는 이러한 확신이 어디로부터 온 것인지 깨닫지 못한다. 집중적 훈련과 반복적 지식 생산을 통해 습성화된 과학적 신조(scientific creed)에 대해 의문을 제기하는 과학자는 매우 드물다. 신조가 강할수록 과학행위는 편안해지고 다 나아가 나태해진다. 나태는 창조적 사고를 제어함으로써 과학의 정체, '과학을 위한 과학'을 낳는다.

저자 역시 편안한 과학자로 출발했다. 그러나 지난 26년 동안 사회과학 방법론을 공부하면서 점차 불편해지기 시작했다. 무엇 때문에 같은 이야기를 수 없이 반복하는가? 과학, 인간과 사회에 대해 갖고 있는 이미지가 변하지 않는 이유는 무엇인가? 요컨대 왜 '달리 생각하는 방법'이 떠오르지 않는가? 저자의 결론은 자신을 포함한 대부분의 사회과학자들이 경직된 유리스틱(heuristic)의 수인(囚人)이라는 것이다.

모든 연구의 궁극적 목표가 사회적 역동에 대한 인간의 꿈과 희망을 규명함으로써 사회의 다양한 구성 방식을 탐색하는 데 놓여 있다는 것을 망각한 사회과학자는 과학적 범죄자이다. 범죄자는 처음 수감될 때에는 당황하고 불안해 하지만 엄격한 일정에 따라 하루하루 살아가면서 점차 주어진 상황에 적응한다. 그에게는 감옥이 세계의 전부이다. 좁은 세계 속에서 좁은 세계관에 익숙해져 일상생활이 대단히 편안해진다. 물론 가끔 바깥 세계의 모습, 다른 세계의 모습을 꿈꾸기도 하나 그러한 세계를 머릿속에 명확히 재구성하지는 못한다. 다른 세계에 관한 이야기를 할 수 있는 방법을 모르기 때문이다. 낯선 세계에 관한 낯선 생각을 하는 것 자체가 두렵기 때문이다.

이 책은 저자를 포함한 우리 사회과학자들이 이제 수감 생활을 끝낼 때가 되었다는 판단에 따라 쓰인 것이다. 과학적 범죄자가 일반 범죄자와 다른 점은 스스로 감옥에 들어갔다는 사실이다. 물론 처음 들어갈 때에는 그곳이 감옥인지 미처 깨닫지 못한다. 연구 전통(research tradition), 혹은 패러다임(paradigm)이나 연구 프로그램(research programme)이라고 불리는 이 감옥의 창살은 마치 적외선 감지장치와 같이 눈에 보이지 않는다. 보통 감옥의 창살이 톱으로 잘라낼 수 있는 쇠기둥인 데 반해, 이 감옥의 창살은 엄혹한 과학 패권(scientific hegemony)과 그러한 패권을 뒷받침하는 정치사회적 패권에 의해 견고하게 구축된 사회적이자 심리적인 창살이다. 간수들은 수인들이 수감 생활의 억압성을 깨닫지 못하도록 만드는 수많은 기제를 통해 '수인의 정체성과 자부심'이라는 이율배반적 심리상태를 조성한다. 그리고 탈옥(脫獄)하려는 수인이 받는 벌은 이러한 '과학자로서의 정체성과 자부심'을 박탈하는 것이다.

요컨대 우리의 사회과학 연구는 강한 연구 전통, 강력한 구미(歐美) 사회과학의 유리스틱 네트워크(heuristic network)라는 거미줄에 걸려 있다. 이러한 거미줄은 시간이 지날수록 과학적으로, 또한 정치사회적으로 더욱 보강되고 있다. 이제 탈옥할 때가 되었다. "강한 과학"이 강요하는 획일적 세계관과 획일적 유리스틱을 벗어나 창조적 사고의 지평을 확장해야 한다. 이 책은 왜 탈옥이 필요한가를 보여주려는 목적을 갖고 있다. 탈옥만이 사회과학 연구의 답습성, 정체성과 정치적 예속성을 벗어나는 길이다. 또 그것만이 사회과학의 궁극적 목표를 달성하는 길이다.

저자는 그간 과학정치(politics of science)의 역동과 그에 따른 방법론적 인식의 정치사회적 종속성에 대해 공부하면서 세 권의 책을 만들었다. 따라서 이 책은 네 번째 작업의 결과이다. 원고를 준비하면서 책으로 펴낼 수 있는 경로를 찾던 중 서강대학교가 고맙게도 기회를 제공해주었다. 비단 출간 기회뿐만 아니라 원고를 작성하는 데 필요한 상당 규모의 경제적 지원을 해주신 '서강학술총서 기획위원회'에 깊은 사의를 표한다. 아무쪼록 이 책이 위원회의 취지에 상응하는 것이기를 바란다. 아울러 독자들, 특히 곧 연구 전통의 감옥으로 들어갈 수밖에 없는 젊은 사회과학도들이 이 책을 읽고 탈옥 의지를 키워나가기 바란다.

2009년 5월

한국외국어대학교 이문동 캠퍼스 연구실에서

김웅진

차례

서론
지식 생산의 과학성과 탈과학성

과학행위는 얼마나 자유로운 행위인가? 과학적 지식의 생산 과정에 있어서 창의성과 과학성이 타협하는 지점은 어디인가? "과학의 다양한 이미지와 실체 사이의 엄청난 간극"[1] 혹은 "과학적 규준과 실제 연구의 본연적 괴리"[2]는 무엇으로부터 야기되는가? 포퍼(K. Popper)가 갈구한 "열린 사회"(open society), 곧 기존 관념에 대항하는 창조적 사유가 허용될 뿐만 아니라 더 나아가 격려되는 자유로운 과학사회[3]란 결코 다가갈 수 없는 신기루에 불과한 것인가? 이 책은 이러한 일련의 질문에 대한 답을 탐색함으로써 "우리 모두는 다른 세상에 살고 있다"는 사실을 감추려는 과학정치(politics of science)[4]의 패권적 슬로건을 타파하는 데 목적을 두고 있

---

1 Lakatos, I. and Feyerabend, P., *For and Against Method*(Chicago: University of Chicago Press, 1999), p. 2.

2 Blalock, M., *Causal Inferences in Nonexperimental Research*(Chapel Hill, NC: University of North Carolina Press, 1964), p. 5.

3 Popper, K., *The Open Society and Its Enemies* 2, *Hegel and Marx*(Princeton, NJ: Princeton University Press, 1966).

4 과학적 지식 생산행위의 정향과 경로를 통제하는 과학적 · 과학 외적 패권의 배분과 전개 과정을 지칭하는 용어로서 사용된 것임.

다. 즉, "과학 자체로부터 과학의 해방"[5]을 지향함으로써 자유로운 지식 생산을 보장해주는 과학민주주의(scientific democracy)의 구축 가능성을 가늠해본다.

> 우리가 살고 있는 세상은 여러 가지 사물, 사건과 역동으로 넘쳐난다. 나무도 있고, 개도 있고, 일출(日出)도 있으며, 구름과 폭풍우, 이혼도 있다. 또 정의(正義), 아름다움, 사랑뿐만 아니라 사람들의 생애, 신(神), 도시와 우주 전체의 움직임도 존재한다. 따라서 한 사람이 지루하기 짝이 없는 하루 동안 겪은 일들을 일일이 열거하고 더 나아가 상세하게 그려낸다는 것은 불가능하다. 우리 모두는 다른 세상에서 살고 있다. 숲속에서 삼림경비원이 마주친 사건과 어떤 길 잃은 사람이 겪은 일은 다른 것이다. 그들은 같은 사건의 서로 다른 모습이 아니라 애당초 상이한 사건들이다. 이러한 차이는 다른 문화권, 혹은 옛날로 가면 더욱 분명하게 드러난다. 예컨대 그리스의 신들은 살아 있는 존재였다. 즉, "신들은 실제로 거기에 있었다."[6]

그리스의 신들이 "살아 있는 존재"였다는 주장이 허락되지 않는 과학사회는 창의성이 억압된 사회, 곧 닫힌 사회임에 틀림없다. 닫힌 과학사회의 구성원들은 지식이 고유한 문화적 지각(地殼)이 허용하는 유리스틱(heuristic)[7]을 통해 생산된다는 사실을 인정하지 않는다. 즉, 이들은 지식

---

5 Feyerabend, P., *Against Method*(London and New York: Verso, 1993), p. viii.

6 Feyerabend, P., "Knowledge and the Role of Theories," *Philosophy of the Social Sciences* 18:2(1988), pp. 157~178.

7 유리스틱이란 "강력한 문제풀이 기제"(a powerful problem-solving machinery). 즉, 특정한 과학 체계(연구 프로그램[research programme]) 내에서 과학적 적실성과 정당성을 광범위하게 인정받고 있는 이론적 · 방법론적 협약과 절차를 뜻한다. 라카토시(I. Lakatos)는 유리스틱이 "변칙 현상"(anomalies)들을 설명하고 더 나아가 그들을 연구 프로그램이 수용하고

의 타당성과 과학성이 관념과 인식, 시각과 해석에 있어서의 사회문화적 종속성을 반영한다는 점을 깨닫지 못한다. 그러나 과학행위는 다른 문화적 행위들과 마찬가지로 각 사회가 "당연한 것으로 받아들이는 실존"(taken-for-granted reality)[8]을 기반으로 이루어진다. 교차문화적으로 적용될 수 있는 획일적 분석 논리가 존재한다는 주장은 구미의 "강한 과학"(strong science)[9]에 대한 맹신을 반영할 뿐이다. 즉, 구미 과학이 발휘하는 범세계적 영향력에 대한 경외(敬畏)와 "약한 과학"(weak science)으로서의 자학(自虐)이 문화적 상대성을 본연적으로 함축하는 과학을 보편 과학(universal science)이라는 전체주의적 이데올로기로 변질시켰다고 볼 수 있다.

경제사회적 인프라의 세계화가 급속히 진행됨에 따라 첨단 과학기술을 보유하고 있는 구미의 '과학 강대국'에서 형성된 과학행위의 후원-수혜 네트워크 혹은 과학적 지식의 수요-공급 네트워크 역시 범세계적으로 확장되어왔다. 즉, 과학 강대국을 정점으로 삼은 계서적 국제 과학 네트워크가 구축되어 유리스틱의 범세계적 복제와 동질화가 급격히 진행되었으며, 이에 따라 강대국의 과학집단이 견지하고 있는 유리스틱은 '보편성'이라는 정치경제적 이미지를 획득하

있는 이론적 · 방법론적 전제를 뒷받침하는 적극적 증거로 변환시킬 수 있을 경우에 한해 "긍정적(적극적) 유리스틱"(positive heuristic)의 위상을 얻게 되며, 그러한 긍정적 유리스틱을 보유한 연구 프로그램만이 "진보적 연구 프로그램"(progressive research programme)으로 확립될 수 있다고 본다. Lakatos, I., *The Methodology of Scientific Research Programmes*(London: Cambridge University Press, 1986), pp. 4~6.

8 고유한 역사문화권 속에서 당연한 것으로 받아들여지는 실존. Collins, H., *Changing Order: Replication and Induction in Scientific Practice*(London: Sage, 1985), p. 18.

9 견고한 유리스틱과 다수의 추종자들을 확보함으로써 비단 과학사회뿐만 아니라 범사회적으로 권위와 영향력을 광범위하게 인정받고 있는 과학 체계. "거대과학"(Big Science)이라고 불리기도 함. Fuller, S., *The Governance of Science*(Buckingham and Philadelphia: Open University Press, 2000), p. 45.

게 되었다.[10]

고대 그리스인들은 분명 우리와 다른 세상에서 살고 있었으며, 따라서 '살아 있는 존재로서의 신'이라는 전제에 따라 지식을 생산했다는 점을 부정할 수 없다. 다시 말해 그들은 신의 관념을 뒷받침해주는 고유한 문화적 지각 위에서 다양한 매체를 통해 지식을 구축했을 뿐만 아니라, 그러한 지식의 타당성을 뒷받침하기 위한 나름대로의 방법론(methodology)을 갖고 있었다. 요컨대 지식의 타당성이란 역사사회적 · 문화적 역동과 그에 따른 방법론적 선택의 소산일 뿐이다. 인문학자이자 문학평론가인 김현은 이와 같은 관념과 인식의 상대성, 그리고 그에 따른 진술 방식의 다양성을 명확히 지적하고 있다.

> 말들은 저마다 자기의 풍경을 갖고 있다. 그 풍경들은 비슷해 보이지만 자세히 들여다보면 다 다르다. 그 다름은 이중적이다. 하나의 풍경도 보는 사람에 따라 다르고, 풍경들의 모음도 그러하다. 볼 때마다 다른 풍경들은 그것들이 움직이지 않고 붙박이로 있기를 바라는 사람들에게는 견딜 수 없는 변화로 보인다. 그러나 변화를 좋아하는 사람들에게는 그것이야말로 말들이 갖고 있는 은총이다. 말들의 풍경이 자주 변하는 것은 그 풍경 자체에 사람들이 부여한 의미가 중첩되어 있기 때문이다.[11]

"붙박이" 풍경, 고정된 인식과 관념이야말로 현대 사회과학, 더 나아가 현대 과학의 가장 두드러진 특징이라고 말할 수 있다. "저마다", 관측자

10 김웅진, 「보편적 과학성의 허상: 사회과학연구의 정치적 수렴성」, 『세계지역연구논총』 24: 3(2006b), pp. 71~87.

11 김현, 『말들의 풍경』(서울: 문학과지성사, 1990), p. iv.

마다 상이한 인식은 개념화(conceptualization)의 엄정한 방법론적 규준에 의해 희생되고, 진술의 개방성 역시 일반화(generalization)의 논리에 따라 극도로 제어된다. 연구 대상에 대한 관측자의 고유한 경험과 그로부터 얻어지는 창조적 인식은 "틀이 단단히 짜인 상자"(the preformed and relatively inflexible box),[12] 곧 패러다임(paradigm)에 들어맞을 수 있도록 재단(裁斷)되며, 그에 대한 진술은 획일적 유리스틱에 따라 교도(敎導)된다. 이처럼 준엄한 방법론적 족쇄에 익숙해진 과학자들, 즉 포퍼가 개탄한 "교조의 희생자"(a victim of indoctrination)[13]들은 인식의 변화를 "견딜 수 없는" 것으로 여기면서 하나의 풍경은 모든 사람에게 똑같은 풍경일 수밖에 없다고 강변한다. 그러나 현대 과학의 방법론적 억압으로부터 벗어나 인식의 창의성을 회복하려는 범법 과학자들(outlaw scientists),[14] 유리스틱의 자유로운 개편과 창안을 모색하는 과학적 이단자들에게는 변화야말로 "은총"이자 과학적 진보의 표징이 된다. 왜냐하면 과학적 진보란 비단 "옛 연구 문제로부터 새로운 연구 문제로의 전환"(progressing from problems to problems)[15]에 더해 새로운 문제를 풀 수 있는 분석 규준의 완전한 개방, 곧 과학민주주의로의 행보를 뜻하기 때문이다. 탈과학성은 진

---

12 Kuhn, T., *The Structure of Scientific Revolutions*(Chicago: University of Chicago Press, 1970), p. 24.

13 Popper, K., "Normal Science and Its Dangers," in I. Lakatos and A. Musgrave, eds., *Criticism and the Growth of Knowledge*(Cambridge: Cambridge University Press, 1970), p. 53.

14 범법 과학은 특정한 과학사회 내에서 이론적 · 방법론적 측면에서의 조직화된 도전뿐만 아니라 연구 문제의 상정에 있어서 일탈, 그리고 이러한 일탈의 집단화와 확산을 통해 구축된다. 즉, 유리스틱에 대한 저항이 새로운 분파 집단이나 대항 세력의 형성으로 구체화될 때 범법 과학이 창출된다고 말할 수 있다. 김웅진, 『신화와 성화: 과학방법론의 패권정치』(서울: 전예원, 2001), p. 119.

15 Popper, K., "The Aim of Science," in D. Miller, ed., *Popper Selections*(Princeton, NJ: Princeton University Press, 1985a), p. 179.

정한 과학성의 또 다른 얼굴이며, 과학적 우상의 파괴는 전통의 고수와 맥을 같이 한다.

> 자유를 증진시키기 위해서는, 풍요롭고도 보람찬 삶을 영위하기 위해서는, 그리고 자연과 인간의 비밀을 알아내기 위해서는 [……] 모든 엄정한 전통의 보편적 기준들을 부정해야 한다(물론 현대 과학이 지닌 분석 규준 역시 상당 부분 거부되어야 한다).[16]

> 성공적인 과학자는 전통고수자(traditionalist)와 우상파괴자(iconoclast)의 성격을 동시에 나타낸다. [……] 성숙한 과학[체계]에 있어서 발견과 새로운 이론으로의 전주곡은 무지(無知)가 아니라 기존 지식과 [과학적] 신념에 무엇인가가 잘못되었다는 인식이다.[17]

그렇다면 대부분의 과학자들이 "엄정한 전통의 보편적 기준들"을 벗어나지 못하는 이유는 무엇인가? 왜 창조적 사고와 인식의 자유를 포기한 채 기꺼이 연구 전통(research tradition)[18]의 수인이 되는가? 이러한 현상은 모든 과학행위가 과학사회의 패권(scientific hegemony)을 장악하고 있는 핵심 세력(core set)[19]에 의해 엄격히 통제된다는 사실로부터 비롯된다. 특

---

16 Feyerabend, P., *Against Method*(1993), p. 12.

17 Kuhn. T., *The Essential Tension, Selected Studies in Scientific Tradition and Change*(Chicago and London: University of Chicago Press, 1977), p. 227, 235. [ ] 속의 말은 이해를 돕기 위해 저자가 삽입한 것임.

18 "연구 영역에 있어서의 실체와 과정, 그리고 연구 문제를 탐색하고 이론을 구축하는데 사용되는 적절한 방법에 관한 일반적 가정"을 수용하고 있는 과학 체계 혹은 과학자 공동체를 지칭. Laudan, L., *Progress and Its Problems, Towards a Theory of Scientific Growth*(Berkeley · LA · London: University of California Press, 1978), p. 81.

19 과학 체계(과학사회) 내에서 연구 문제와 유리스틱을 주도적으로 창출하고 그러한 유리스틱

히 견고한 연구 프로그램(research programme)[20]과 조직화된 추종자들을 확보하고 있는 "강한 과학"은 계서적 지식 생산 네트워크를 효율적으로 운용함으로써 구성원들의 과학적 충성심(scientific allegiance)을 지속적으로 동원한다. 이러한 충성심은 외견상 과학적 동의나 지지의 모습을 나타내지만 실제로는 네트워크로의 진입 혹은 그로부터의 퇴출이 야기할 수 있는 실익의 계측에 따른 정치적 선택의 소산이라고 말할 수 있다. 즉, 과학행위는 여타 사회적 행위와 마찬가지로 실익을 극대화하기 위한 교환행위의 성격을 갖게 되고, 교환의 양상은 지식 생산 네트워크를 주도하는 패권의 성격과 그 배분 구조에 따라 결정된다. 따라서 과학적 자유는 어디까지나 과학정치의 역동이 만들어낸 허상에 불과한 것이다.

이 책은 과학행위를 제어하는 패권의 형성과 행사 경로를 추적하고 과학적 · 과학 외적 실익을 중심으로 전개되는 교환의 정치적 역동을 해체함으로써 과학민주주의에 이르는 길을 모색한다. 과학민주주의는 최근 교황 베네딕트 16세(Benedictus PP. XVI)가 인간의 배아줄기세포 연구를 예로 들어 "인간의 영성(靈性)을 격하시키는 과학의 유혹적 힘"의 위험성을 지적한 상황 하에서 더욱 절실히 요청된다. 즉, 교황은 "어떤 과학도 인간이 어떤 존재인지, 어디서 와서 어디로 가는지 말해줄 수 없다"고 전제한 후 "과학적 연구는 이러한 인간의 신비에 대한 통찰력을 주기 위해 인류, 철학, 신학적 연구와 동반"되어야 한다는 견해를 피력했다.[21] 이러

에 기반을 둔 과학행위의 네트워크를 관장함으로써 추종자들의 지식 생산을 패권적으로 통제하는 소규모의 강력한 지배 집단. Brown, J., "The Experimenters' Social Circle," *Philosophy of the Social Sciences* 18: 1(1988), pp. 101~106 참조.

20 "부정되거나 수정될 수 없는 인식론적 · 이론적 중핵(hard core)"과 그를 둘러싼 "보조가설의 방어환(protective belt)"을 근간으로 한 안정적 유리스틱을 갖춘 과학 체계. Lakatos, I., *The Methodology of Scientific Research Programmes*(1986), p. 4.

한 견해는 인간과 자연, 인간과 사회의 본질적 관계에 대한 창조적 통찰력을 억압하는 과학 패권, 더 나아가 과학의 본연적 목표를 왜곡하는 정치경제적 패권에 대한 엄중한 경고로서 해석될 수 있을 것이다.

책을 구성하고 있는 다섯 개 장(章)의 핵심 논지를 짧게 요약해보면, 우선 제1장 「과학적 신조, 인지습성과 연구 전통」은 유리스틱의 적실성에 대한 맹목적 신조, 즉 인지습성(habits of mind)은 과학 헤게모니의 영상(映像)에 불과하며, 연구 전통의 전환은 신성화(神聖化)된 유리스틱에 바탕을 둔 집단적 정체성의 붕괴로부터 추동력을 얻는다고 주장한다. 제2장 「과학 패권과 거버넌스 네트워크」는 과학행위를 제어하는 패권 네트워크는 안정적 지식 생산에 요구되는 공식적 위상 및 자원의 제도적 통제력과 추종자들의 확보를 위한 선별적 충원권을 독점함으로써 연구 전통의 과학적 정향에 대한 순응의 유인기제로서 작동한다고 본다. 제3장 「이념적 동원과 실익 교환」은 과학행위가 본질적으로 후원 집단과의 이념적 동화와 "다리 놓기"(bridging)를 통해 실익 동맹을 구축하기 위한 정치적 교환 행위의 성격을 갖는다는 점을 밝히고 있다. 제4장 「분석모형, 방법론적 실존과 과학전체주의」에 따르면, 분석모형은 특정한 유리스틱에 따라 재구성된 방법론적 실존(methodological reality)이며, 특히 해석의 획일화를 강요하는 "강한 과학"의 경직된 모형은 과학적 지식의 다양한 함의를 폐쇄함으로써 과학적 진보를 가로막는 가장 큰 장애물이다. 다음으로, 연구 전통의 혁명적 전환을 야기하는 과학적 발견은 새로운 유리스틱을 모색하는 창조적 범법 과학자들의 전략적이자 정치적인 도전의 소산이라는

21 http://article.joins.com/article/article.asp?ctg=13&total_id=3026540(검색일: 2008년 1월 29일).

것이 제5장 「발견과 연구 전통의 전환」을 일관하는 논지이다. 마지막으로 「결론: 과학적 자유와 과학민주주의: '열린 사회과학'의 모색」은 창조적 인식과 이미지의 자유로운 개방을 억제하는 과학 패권을 해체함으로써 사회적 역동의 다양한 구성 방식들이 상호 소통할 수 있는 과학적 접점을 모색해야 한다고 주장한다. 즉, 사회과학은 경쟁적 시각의 억압과 배제가 아니라 관용과 포섭을 지향한 정치적 자유주의를 표방해야 한다는 제언으로 전반적인 논의를 마무리 짓고 있다.

제1장

과학적 신조, 인지습성과 연구 전통*

* 『사회과학논집』 제23권 2호(한국외국어대학교 사회과학연구소, 2006. 2.)에 게재된 저자의 연구 논문 「과학적 신념, 과학적 패권과 연구 전통의 변환: 방법론적 성찰」을 전면적으로 재검토하여 대폭 수정, 보완한 것임.

견해의 만장일치는 엄격한 교회, 공포에 질린 사람들, 탐욕스러운 신화(神話)의 희생자들, 또는 폭군(暴君)에게 굴복하는 나약한 추종자들에게나 어울리는 것이다. 견해의 다양성은 객관적 지식의 필요조건이다. 그리고 이러한 다양성을 격려하는 연구 방법이야말로 인도주의적 사고방식과 어울리는 유일한 방법이다.[1] (Paul K. Feyerabend)

1. 연구 전통의 과학적 정당성

연구 전통[2]은 어떻게 구축되는가? 어떤 경로를 통해 과학적 정당성과 적실성을 획득하는가? 연구 전통의 전환을 추동하는 인자들은 무엇이며 추동의 주역들은 누구인가? 1장에서는 이러한 의문에 대한 답을 유리스틱의 적실성에 대한 인지습성(認知習性, habits of mind)[3]의 형성과 붕괴라는 맥락에서 탐색해본다.

하나의 연구 전통이 견고하게 구축되어 지식 생산이 안정적으로 진행되기 위해서는 다음과 같은 네 가지 조건이 필요하다. 첫째, 연구 문제를 상정하고 풀기 위한 유리스틱의 적실성에 대한 광범위한 합의가 조성되

---

1 Feyerabend, P, *Against Method*(1993), pp. 31~32에서 인용.

2 서론의 각주 18 참조.

3 유리스틱의 적실성에 대한 "견고히 구축된 무의식적 반응"(entrenched responses that ordinarily occur without conscious attention), Margolis, H., *Paradigms and Barriers, How Habits of Mind Govern Scientific Beliefs*(Chicago: University of Chicago Press, 1993), pp. 7~8.

어야 한다. 둘째, 생산된 지식의 실천성, 곧 사회적 효용성과 공헌 가능성에 대한 구성원들의 확신이 요구된다. 셋째, 연구 전통의 수용이 상당한 과학적 · 과학 외적 실익을 보장해줄 것이라는 집단적이자 합목적적인 판단이 이루어져야 한다. 마지막으로 연구 전통에 따라 진행되는 지식 생산 행위에 대한 지속적이며 전폭적인 정치사회적 · 경제적 후견이 확보되어야 한다. 이러한 네 가지 조건들 가운데에서 첫 번째 조건과 두 번째 조건을 과학적 신조(scientific creed)로서, 세 번째와 네 번째 조건을 정치적 기대(political expectation)로서 규정할 수 있을 것이다. 어떤 연구 전통이 "강한 과학" 혹은 정상과학(normal science)[4]의 위상을 획득하기 위해서는 개별 과학자들이나 과학자 집단의 과학적 신조가 정치적 기대와 결합해야 한다. 정치적 기대를 충족시키지 못하는 과학적 신념은 결코 과학행위의 추동력이 될 수 없기 때문이다.

2005년에 발생하여 2년여에 걸친 과학적 · 법적 논란을 야기한 황우석 전(前) 서울대 교수의 줄기세포 조작사건은 바로 과학적 신조와 정치적 기대의 결합에 바탕을 둔 과학정치의 강력한 동원력을 보여주고 있다. 왜냐하면 이 사건은 한 과학자 집단이 유리스틱에 대한 과학적 신조를 전폭적인 후견에 힘입어 정치사회적으로 정당화하는 데 성공한 전형적 사례이기 때문이다. 즉, 줄기세포의 생산을 위한 원천기술, 곧 독점적 유리스틱을 보유하고 있을 뿐만 아니라 그러한 원천기술에 입각해 난치병 환자들의 치료에 적용될 수 있는 줄기세포를 실제로 생산할 수 있다는, 더 나아가 줄기세포가 반드시 생산되어야 할 사회적 필요성이 있다는 프로파간다는 줄기세포의 조작이 명백히 밝혀졌음에도 불구하고 황우석 연구진의 유리스틱에 대한 과학적 회의(懷疑)를 상당 부분 제압할 수 있을 정도

4 Kuhn, T., *The Structure of Scientific Revolutions*(1970), pp. 10~42 참조.

로 강력한 호소력을 발휘했다. 국가의 공적 후견을 완전히 상실한 황우석 연구진은 이러한 호소력에 힘입어 사회적 지지 세력을 재결집하는데 성공했고, 그들의 유리스틱에 대한 과학적 의문과 연구 결과의 조작이라는 "학문적 범죄"[5]에 대한 비난은 과도한 사회적 기대로 인한 심리적 중압감, 지극히 소박한 과학자의 성취 욕구, 더 나아가 후원 세력에 의한 압박 등 다양한 과학 외적 면죄부를 통해 상쇄되고 있는 실정이다.

요컨대 연구 전통의 과학적 정당성은 유리스틱의 적실성이 사회적으로 인증되는 과정에서 대중영합적(大衆迎合的) 구호로 변질될 수 있고, 그러한 슬로건은 비단 과학자들뿐만 아니라 후원 집단, 더 나아가 일반인들에게조차 일종의 신화로 자리 잡게 마련이다. 따라서 논문 조작이라는 황우석의 범죄는 줄기세포를 생산할 수 있는 유리스틱이 실제로 존재한다는 것이 판명될 경우 사회적으로 용서될 가능성이 높다.[6] 왜냐하면 신화적 유리스틱은 적용 결과와 관계없이 과학적 정당성을 획득하기 때문이다. 이처럼 연구 전통이 본질적으로 정치적 속성을 갖고 있다면 그 전환 과정 역시 단순한 연구 문제와 풀이기제(problem-solving machinery)[7]의 전환을 의미한다고 볼 수 없으며, 따라서 후원 세력의 변동이라는 보다 광범위한 측면에서 논의되어야 한다.

---

5 정운찬 서울대학교 총장은 2006년 1월 11일 「국민 여러분께 드리는 말씀」이라는 제하의 대국민 사과문에서 황우석의 논문 조작을 "진리 탐구를 본연의 사명으로 하는 대학사회에서는 도저히 용납할 수 없는 학문적 범죄 행위"로 규정하였다.

6 비록 줄기세포 연구와 직접적 연관성은 없으나 황우석 연구진에 대한 후원의 근거가 된 또 하나의 주요한 유리스틱, 곧 동물복제 유리스틱은 2008년 5월 애완견 '상업 복제'의 성공으로 인해 그 과학적 적실성과 사회적 효용성을 재인증 받기 시작했고, 이는 줄기세포 연구에 대한 후원의 확대, 더 나아가 황우석 연구진에 대한 전반적 신뢰 회복을 가져올 가능성이 매우 높다. http://news.joins.com/article/3154689.html?ctg=1603 참조(검색일 2008년 5월 22일).

7 라카토시는 유리스틱을 "강력한 문제풀이 기제"(a powerful problem-solving machinery)로서 정의하고 있다. Lakatos, I., *The Methodology of Scientific Research Programmes* (1986), p. 4 참조.

2. 연구 전통의 구축 과정: 과학 패권의 형성과 전개

연구 전통은 과학 패권에 입각하여 형성된다. 즉, 연구 영역을 규정하고 연구 문제를 풀기 위한 유리스틱을 창출하는 핵심 세력이 과학행위의 거버넌스(governance)[8]를 공적(제도적) · 사적(귀속적)으로 통제할 수 있는 헤게모니를 확보할 경우에 한해 연구 전통이 견고히 구축된다. 이러한 연구 전통의 구축 과정은 일단 과학사회 내에서 시작되어 여타 사회 영역으로 확산되는 단계적이자 중층적인 지지의 동원 과정인 동시에 후원–수혜관계의 정립 과정이라고 말할 수 있다.

그렇다면 연구 전통을 주도하는 핵심 세력은 어떻게 형성되는가? 핵심 세력은 특정한 연구 전통에 소속되어 있던 과학자 집단이 기존 패권 집단을 타파하거나, 연구 전통 자체를 거부하는 과학자 집단이 새로운 대항과학 체계를 성공적으로 구축함으로써 부상한다. 그런데 이러한 두 가지 경우에 있어서 모두 헤게모니의 획득은 순수한 과학적 경쟁으로 위장된 권위 투쟁을 통해 이루어진다. 즉, 보다 적실성이 큰 연구 문제 내지는 보다 수월한 연구 업적의 창출을 위한 과학적 경쟁은 그러한 적실성이나 수월성을 공식적으로 판정하는 집단으로부터의 지지를 확보하기 위한 정치적 경쟁의 형태를 취한다. 예컨대 주요 학술지[9]를 통한 논문 게재 수, 논문의 인용 건수, 특허와 같이 연구 결과의 실용화를 통한 사회적 공헌의 수준 등 다양한 과학적 권위의 척도를 통해 공인되는 과학 헤게모니는 학회 · 연구기관 · 대학의 장(長)과 같은 제도적 위상에 수반된 영향력이나 거대

---

8 풀러(S. Fuller)는 과학 체계를 광범위하게 일반화된 과학행위의 거버넌스 기제(a vehicle of global governance)로 규정하고 있다. Fuller, S., *The Governance of Science*(2000), p. 45 참조.

9 이른바 'SSCI(SCI)급 학술지', '한국연구재단(학술진흥재단) 등재 학술지' 등.

자원 보유조직의 후원을 지향한 책략을 통해 확보된다. 치열한 학회장 선거나 대학총장 선거, 연구소장의 직위를 얻기 위한 정치적 거래, 특정한 과학적 지식이 보장해줄 수 있는 정치경제적 이득을 과장함으로써 국가나 대기업의 후원을 얻기 위한 다양한 프로파간다, 매스컴 조작 등은 모두 이러한 책략의 일환이라고 볼 수 있다.

과학적 권위에 수반되는 영향력과 유형적 · 무형적 자원은 추종 집단의 동원과 확대에 요구되는 과학 헤게모니의 기반이 된다. 황우석에게 부여된 "최고 과학자" 혹은 "석좌교수"의 신분은 바로 이러한 패권의 구체적 표상이며, 황우석 연구진은 그들이 견지하고 있던 유리스틱의 적실성에 관계없이 연구진에의 소속이 보장해주는 실익에 대한 합목적적 계측을 통해 연구 전통에 대한 과학적 충성심을 지속적으로 표출하게 되었다고 볼 수 있다.

과학적 충성심은 핵심 세력에 대한 귀속적 신뢰와 결합하여 연구 전통의 결속력을 더욱 강화시킨다. 예로서 황우석의 사과 성명 발표(2006. 1. 12)에 배석한 연구원들의 감성적 분출[10]은 장기간에 걸친 헤게모니의 수용이 야기하는 신뢰와 정서적 결속력을 보여주는 좋은 사례이다. 즉, 과학 헤게모니는 과학사회 내에서 흔히 목도되는 도제(徒弟)관계와 같이 핵심 세력과의 귀속적 일체감을 통해 형성되는 개인 간 신뢰망(interpersonal trust network)을 매개로 삼아 더욱 큰 침투력을 발휘된다. 귀속적 네트워크는 공식적인 제도적 네트워크의 이면적 결속망으로 작동함으로써 핵심 세력이 추종 집단을 결성하고 유지해 나가는 비공식적 기제인 동시에 추종자들이 과학 체계의 중심부로 접근하기 위해 흔히 선택하는 경로가 되

---

10 황우석은 줄기세포 조작에 관한 대국민 사과성명을 발표하면서 연구원들을 배석시켰으며, 배석한 연구원 가운데 일부가 눈물을 흘리는 장면이 보도된 바 있다.

며, 경우에 따라서는 제도적 네트워크에 비해 훨씬 강력한 통합성과 배타성을 표출한다.[11]

이렇게 볼 때 어떤 연구 전통의 과학적 적실성, 보다 근원적으로 과학성 그 자체는 패권의 배분 구조에 따른 정치적 상황종속성(political contingencies)을 반영한다고 말할 수 있다. 기실 과학성의 본질적 의미에 관해서는 아직 과학철학계 내에서도 광범위한 합의가 이루어지지 않고 있으며, 단지 포퍼가 주장한 지식의 논박 가능성(falsifiability)[12]이 과학성의 구획 기준으로 모호하게 수용되고 있을 뿐이다. 과학성은 어디까지나 연구 전통 내의 정치적 합의의 소산일 따름이며, 과학행위는 과학성보다는 사회성을 노정한다.

강력한 사회적 협약(social convention)으로서의 유리스틱을 단순히 준수한다고 해서 생산된 지식의 과학적 타당성이 자동적으로 보장되는 것은 아니라는 점에 주목할 필요가 있다. 왜냐하면 개별 과학자나 과학자 집단에 의해 생산된 지식의 과학적 타당성은 판정자들이 견지하고 있는 이론적 · 방법론적 정향과의 조응 여부라는 표재적 기준을 넘어서는, 보다 잠재적이자 강압적인 사회적 기준에 따라 최종적으로 판정되기 때문이다. 다시 말해서, 포괄적인 정치사회 내에서 형성되는 실존인식의 이데올로기적 · 패권적 범전(凡典, prototype)이 과학자들의 지식 생산 행위를 통제한다고 볼 수 있다. 즉, 정치사회 체계가 견지하고 있는 보편적 인식의 범전은 당연히 그 하부 체계인 과학 체계로 유입되어 일정한 유형과 내역을 지닌 연구 문제와 그 풀이방식을 선택하도록 강요하는 제어기

---

11 김웅진, 『과학헤게모니의 정치적 영상』(서울: 청목출판사, 2005), pp. 55~56.

12 Popper, K., *Conjectures and Refutations, The Growth of Scientific Knowledge*(London and New York: Routledge, 1996), p. 37; *The Logic of Scientific Discovery*(London and New York: Routledge, 1999b), pp. 31~32.

제, 지식 생산 행위의 표준화 · 획일화 기제로서 작동한다. 그리고 이러한 범전은 그것을 견지하고 있는 과학 체계가 '풀어야만 할 연구 문제', 즉 풀 것을 '사회적으로 요구받고 있는 연구 문제'를 성공적으로 해결하는 한 안정적으로 수용된다.[13]

요컨대 모든 연구 전통, 연구 프로그램이나 패러다임의 구축 과정은 곧 과학 헤게모니의 형성과 전개 과정이라고 볼 수 있다. 따라서 연구 전통의 전환은 그에 입각한 연구 공정이 강력한 과학 헤게모니의 뒷받침, 더 나아가 광범위한 정치사회적 후원을 확보하고 있는 상태에서는 결코 이루어질 수 없다. 쿤(T. Kuhn)이 패러다임의 혁명적 전환을 초래하는 동인(動因)으로 규정한 "변칙 현상"(anomalies)과의 조우(遭遇)[14]는 정치사회적 패권 구조의 전환이 수반되지 않는 한 연구 전통의 핵심 세력에 의해 의도적으로 제어될 가능성이 매우 높다.

3. 인지습성과 과학정치의 역동

1) 인지습성: 유리스틱의 성화

과학적 신조는 연구 전통 속에서 전개되는 지식 생산 행위의 통합성과 획일성에 대한 개별 과학자나 과학자 집단의 확신, 곧 ① 유리스틱의 과학적 적실성에 대한 확신과 ② 연구 전통의 모든 구성원들이 그러한 유리스틱을 준수하는 가운데 지식 생산 행위를 전개하리라는 확신[15]이 장기

13 김웅진, 『과학헤게모니의 정치적 영상』(2005), pp. 41~42.

14 Kuhn, T., *The Structure of Scientific Revolutions*(1970), pp. 52~65.

15 즉, 집단적으로 표출되는 과학적 (상호)신뢰. 보편적인 의미에 있어서 신뢰의 개념은 '대상

간에 걸쳐 고착된 인지습성[16]을 야기한다. 마골리스(H. Margolis)에 따르면,

> 어떤 공동체를 결속시키는 힘이 과연 무엇인가에 관한 의문은 그러한 공동체 내에서 핵심적인 직관을 유도하는 인지습성을 찾아냄으로써 해결된다. 공동체의 일원처럼 특정한 방식으로만(in particular ways) 사물을 인지하는 경험을 갖고 있지 못한 외부인들에게는 이와 같이 인지습성이 아예 떠오르지 않거나 불합리하게 여겨진다. 이러한 맥락에서 볼 때 패러다임의 전환은 인지습성의 변화이다.[17]

물론 인지습성은 앞서 논의한 바와 같이 특정한 연구 전통에의 참여가 보장해줄 수 있는 실익에 관한 합목적적 기대와 계측의 소산이며, 그러한 기대가 어느 정도 지속적으로 충족되는가에 따라 그 강도가 결정된다고 볼 수 있다. 바꾸어 말해서, 기대 충족의 수준과 지속성이 인지습성의 형성에 있어서 가장 핵심적인 요인으로 작용한다.

연구 전통은 인지습성을 기반으로 강화되며, 역으로 인지습성의 약화는 연구 전통의 붕괴를 촉진한다. 따라서 연구 전통의 거버넌스를 주도하는 핵심 세력은 인지습성의 재생산과 확산을 위한 다양한 전략을 강구하

의 속성에 대한 지속적 확신'과 '일정한 사회적 행위 양상의 기대'라는 두 가지 측면을 포괄하고 있으며, 따라서 과학적 신뢰는 연구 전통 내에서 특정한 유리스틱과 그에 따른 지식 생산행위의 타당성을 상호 인증하는 "공식적 · 비공식적 사회관계의 역동"의 심리적 기반이 된다고 볼 수 있다. 김웅진, 『과학 헤게모니의 정치적 영상』(2005), pp. 39~44; 김우택 · 김지희, 「신뢰의 개념과 신뢰연구의 맥락」, 김우택 · 김지희 편, 『한국 사회 신뢰와 불신의 구조』(서울: 소화, 2002), p. 19 참조.

16 제1장 각주 3 참조.

17 Margolis, H., *Paradigms and Barriers, How Habits of Mind Govern Scientific Beliefs*(1993), p. 23.

게 마련이다. 예컨대 충성도에 따른 연구 자원, 연구 기회, 또는 연구 전통 내 사회적 위상의 배분뿐만 아니라 일탈의 저지와 일탈자들에 대한 공적 · 사적 제재 등은 모두 인지습성의 강화라는 맥락에서 이루어지고, 궁극적으로는 과학적 신조의 이념화를 목표로 한다. 이러한 맥락에서 인지습성은 과학 헤게모니의 영상이라고 볼 수 있으며, 핵심체가 제안한 과학행위의 전범(典範)은 지식 생산의 목표와 절차를 규제하는 절대적 규범으로서의 성격을 갖게 된다. 결국 잠정적인 과학적 신조를 견고한 인지습성으로 전환하기 위한 유리스틱의 성화(聖化)야말로 연구 전통의 안정화를 지향한 과학정치의 핵심이라고 볼 수 있다. 즉, 과학정치의 역동은 "규칙적 상호작용을 위한 인식의 공유"[18]를 조장함으로써 "같은 장소에서 같이 움직이는 최대 다수의 동맹자를 동원"[19]하는 방식으로 전개된다.

인지습성은 경험적 관측이 불가능한 심리적 정향이기 때문에 어떤 연구 전통이 확보하고 있는 인지습성의 수준을 파악하기란 쉽지 않다. 그러나 과학계로의 성공적 진입을 위한 주요 학회에서의 논문 발표, 연구 업적의 축적을 위한 학술지별 '논문 게재 점수 관리', 대학이나 연구소의 정규직을 얻기 위한 인맥 구축 시도 등 박사학위를 새롭게 획득한 신진 학자들이 공통적으로 보여주는 행위들은 특정한 연구 전통이 확보하고 있는 인지습성의 우회적 척도가 된다. 이와 같은 행위 양상이 그 속에서 반복적으로 표출되는 연구 전통은 상당한 수준의 인지습성을 동원하는 데 더해 구성원들로 하여금 연구 전통의 일원으로서의 강한 정체성을 갖도

18 "Shared perception is required for ordered interaction," Collins, H., *Changing Order: Replication and Induction in Scientific Practice*(London: Sage, 1985), p. 9.

19 "The ability to make a configuration for a maximal number of allies act as a single whole in one place," Latour, B., *Science in Action*(Cambridge, MA: Harvard University Press, 1987), p. 172.

록 만드는 데 성공하였다고 볼 수 있다. 즉, 연구 전통 내에서 실제로 표출되고 있는 과학행위의 정형을 반복적으로 인지한 과학자들은 과학 연구의 목표, 방법과 과정에 관한 고정관념을 얻게 되고,[20] 이러한 고정관념에 따른 상호동화(mutual assimilation)의 역동에 적극적으로 참여함으로써 집단적 정체성, 더 나아가 그들이 견지하고 있는 유리스틱의 상대적 수월성에 대한 맹목적 신념을 갖게 된다. 줄기세포를 생산할 수 있는 원천 기술을 분명히 보유하고 있고 그러한 기술이 보존, 발전되어야 한다는 황우석의 주장이나 세포의 핵을 제거하기 위한 이른바 "젓가락 기술"의 독창성에 대한 과장된 홍보는 유리스틱의 본질과 한계를 비교적 명확히 파악하고 있는 연구 전통의 핵심 세력조차 인지습성의 포로가 될 수 있다는 사실을 여실히 보여준다.

2) 전환의 추동력: 인지습성의 붕괴

연구 전통의 전환은 고유한 세계관(world view)을 중심으로 형성된 인지습성의 붕괴로부터 추동력을 얻는다. 쿤에 따르면,

> 패러다임의 변화는 세계관 자체의 변화를 수반한다. 즉, 과학자들은 새로운 패러다임에 따라 새로운 연구 방법을 채택하여 세상을 달리 본다. 이보다 더 중요한 사실은 과학자들이 혁명이 진행되는 동안 옛 도구를 통해 옛 장소에서 새로운 것들을 본다는 사실이다. 이는 마치 과학사회가 친숙한 사물들이 전혀 다르게 보이는 혹성으로 몽땅 옮겨진 것과 같다. 물론 그런 일이 일어날 수는 없다. 공간 이동 따위는 없으며 실험실 밖의 세상은 변한 것이 없다. 그러나 패러다임

20 Margolis, H., *Paradigms and Barriers, How Habits of Mind Govern Scientific Beliefs*(1993), p. 10.

의 전환은 과학자들로 하여금 연구 대상을 달리 보도록 만든다. [……] 과학자들은 혁명이 일어난 후 다른 세상(a different world)을 만난다.[21]

요컨대 인지습성의 붕괴는 유리스틱의 타당성에 대한 전면적 회의와 재성찰을 유도함으로써 과학자들로 하여금 새로운 세계관에 입각한 새로운 연구 전통을 모색하도록 한다. 그렇다면 인지습성은 어떻게 붕괴되는가? 쿤에 따르면 "전통의 철저한 수용"(a thoroughgoing commitment to the tradition)만이 인지습성의 붕괴와 그에 따른 세계관의 성공적 전환을 가져올 수 있다.[22] 즉, "수렴적이자 합의종속적"(convergent and consensus-bound)인 정상과학행위가 궁극적으로는 과학혁명(scientific revolution)을 가져온다는 것이다.[23] 패러다임에 대한 천착은 "무엇인가 잘못되었다(something has gone wrong with existing knowledge and belief)"[24]는 과학적 의문, 곧 성숙한 과학 체계 내에서 자생적으로 발생하는 경쟁적 세계관들 간의 "본연적 긴장"(essential tension)[25]을 야기하며 그러한 긴장에 따라 인지습성이 이완되기 시작한다.

그러나 인지습성의 타파는 과학적 역동이라기보다는 정치적 역동의 소산이라고 말할 수 있다. 왜냐하면 인지습성은 앞서 언급한 것처럼 과

---

21 Kuhn, T., *The Structure of Scientific Revolutions*(1970), p. 111.

22 Kuhn, T., *The Essential Tension, Selected Studies in Scientific Tradition and Change*(1977), p. 235.

23 Kuhn, T., *The Essential Tension, Selected Studies in Scientific Tradition and Change*(1977), p. 227.

24 Kuhn, T., *The Essential Tension, Selected Studies in Scientific Tradition and Change*(1977), p. 235.

25 유리스틱의 반복 답습이 야기하는 회의로 인해 자연스럽게 생성되는 새로운 시각과 기존 시각 간의 불가피한 긴장으로서, 과학적 진보의 잠재적 추동력으로 간주됨. Kuhn, T., *The Essential Tension, Selected Studies in Scientific Tradition and Changes*(1977), p. 227 참조.

학행위의 전개 과정에 있어서 집단적 정체성의 원천이 되기 때문에 결코 개별적으로 극복될 수 없기 때문이다. 즉, 모든 과학자 집단은 견지하고 있는 유리스틱을 보호함으로써 그간 생산해온 지식의 과학적 타당성과 '유능한 과학자'로서의 평가를 유지하려 하며,[26] 따라서 유리스틱의 타당성을 저해할 수 있는 모든 시도에 대해 적극적으로 저항하게 마련이다. 그러한 저항은 주로 새로운 유리스틱에 대한 제재(학술지 게재 신청 논문 심사에 있어서 낯선 유리스틱을 사용한 논문의 게재 불가 판정 등)나 배척(공동 연구 프로젝트에 대한 참여 거부 등)의 형태를 취한다. 즉, 과학적 이단자 또는 범법 과학자들[27]에게 무능함의 표식을 각인함으로써 지식 생산의 동기를 심리적으로 위축시키거나 집단에의 잔류가 보장하는 실익에 대한 재계측을 암묵적으로 강요함으로써 집단으로의 회귀를 유도하게 된다.

또한 연구 전통의 핵심 세력은 일탈이 조직화될 때 그러한 일탈이 연구 전통 자체의 과학적 · 사회적 위상에 미치는 영향을 면밀히 평가하게 마련이고, 만약 주도 과학으로서의 위상을 훼손하는 것이라는 판단이 내릴 경우 강력한 충원적(充員的) 제재를 가하게 된다. 다시 말해서 핵심 세력의 과학적 · 이념적 정향에 대항하는 과학자들을 연구 전통의 제도화 과정에서 선별적으로 배제함으로써 일탈의 재발을 방지하고 연구 전통의

---

26 러드윅은 과학자들의 연구 행위는 과학자로서의 신분 유지에 결정적인 영향력을 행사하는 '유능함'(competence)에 대한 평가로부터 자유로울 수 없다고 주장한다. Rudwick, M., *The Great Devonian Controversy: The Shaping of Scientific Knowledge among Gentlemanly Specialists*(Chicago: University of Chicago Press, 1985), p. 541. 그런데 유능함에 대한 평가는 중요한 연구 결과의 생산 여부에 따라 이루어지며, 바로 이러한 중요성은 연구 전통 내에서 합의된 유리스틱이나 과학계를 주도하는 집단에 의해 제안된 유리스틱의 사용 여부에 따라 판정되기 때문에 핵심체와의 방법론적 연대는 과학자의 신분 유지에 있어서 피할 수 없는 족쇄가 된다. 김웅진, 『신화와 성화: 과학방법론의 패권정치』(2001), p. 120 참조.

27 서론의 각주 14 참조.

결속력을 강화하려 시도한다.[28] 그런데 이러한 제재는 비단 핵심 세력에 의해서만 이루어지는 것이 아니라, 과거 수많은 진보적 마르크스시트들이 국가보안법에 의해 제재된 것처럼 국가 권력과 같은 연구 전통의 후원 세력을 통해 사회적으로 보강된다.

한편 유리스틱의 전환이 곧바로 연구 전통의 전환을 가져오는 것은 아니라는 점에 주목할 필요가 있다. 즉, "현존하는 과학적 신념의 구조적 핵심과 명백히 상충"[29]할 뿐만 아니라 사회적으로 중요한 문제를 보다 효율적으로 해결할 수 있는 새로운 유리스틱의 도입만이 연구 전통의 전환을 가져올 수 있다. 연구 전통의 전환은 단순한 과학적 시각이나 유리스틱의 전환을 넘어서는 단계적이자 중층적 과정으로서, 일단 과학사회 내에서 전환의 인증이 이루어진 후 그러한 과학적 인증이 다시 사회적으로 인증됨으로써 종결된다. 사회적으로 인증되지 못한 연구 전통의 전환은 결코 본질적 전환으로 간주될 수 없다.

4. 과학적 도전의 요건

유리스틱이나 그를 통해 생산된 지식의 적실성에 대한 산발적 타격만으로는 연구 전통이 붕괴되지 않는다. 또한 온건한 타격은 오히려 연구 전통을 강화시키는 계기가 될 수 있다. 이는 〈수암생명공학연구원〉이라는 새로운 조직으로 재구성된 황우석 연구진이 일부 사회 세력의 후원에 힘입어 연구를 지속해왔을 뿐만 아니라, 최근 세계 최초의 '개 상업 복

---

28 김웅진, 『과학헤게모니의 정치적 영상』(2005), p. 50.

29 Kuhn, T., *The Essential Tension, Selected Studies in Scientific Tradition and Changes*(1977), p. 236.

제' 성공을 통해 경제사회적 지원 기반을 확장하고 있다는 사실로도 미루어 알 수 있다.[30] 연구 전통의 본질적 전환은 ① 조직화된 과학적 도전의 지속적 전개, ② 도전 집단에 대한 정치경제적 후원 세력의 결성이라는 두 가지 요건을 모두 충족시킬 경우에 한해 이루어질 수 있다.

1) 도전 세력의 조직화

연구 전통에 대한 과학적 도전은 새로운 연구 문제와 유리스틱의 과학적 수월성에 대한 도전자들의 확신을 요구하며, 확신이 지속적인 지식 생산을 통해 점차 과학적 신조로 정착됨으로써 추동력을 얻게 된다. 이러한 추동력을 창출하기 위해서는 무엇보다도 먼저 도전자들을 결속시키는 강력한 내적 규범에 입각한 과학행위의 조직화가 이루어져야 한다.

그런데 기존 연구 전통이 보유하고 있는 지식 생산 기제가 핵심 세력의 패권에 의해 제어되는 것과 마찬가지로 과학적 도전의 조직화 역시 도전 집단의 과학행위를 계도하는 헤게모니의 창출을 필요로 한다. 즉, "약한 과학"은 수많은 제재와 공격을 받게 마련이며, 따라서 도전 집단의 구성원들이 제재에 수반된 불이익을 기꺼이 감수하도록 설득할 수 있는 패권의 창출을 위한 담론 네트워크(discourse network)가 결성되어야 한다. 담론 네트워크는 새로운 유리스틱의 적실성을 반복적으로 강조하는 학습기제로 작동함으로써 그러한 유리스틱을 제안한 핵심 세력에게 순수한 과학적 충성심과 존경에 입각한 정서적 · 귀속적 헤게모니를 부여할 뿐만 아니라, 사회적으로 인증된 지식 생산기제를 확보하지 못한 상황 속에서 도전자들에게 소속감과 심리적 안정감을 제공함으로써 집단으로부터의 일탈을 방지한다.

---

30 http://news.joins.com/article-3154689.html?ctg=1603(검색일: 2008년 5월 22일).

> [과학] 헤게모니의 행사는 일반적인 정치사회에 있어서의 패권이 제도적 · 절차적으로 정당화된 물리적 강제력을 통해 행사되는 것과는 달리 과학적 담론(scientific discourse)이라는 과학자들 간의 고유한 상호작용 네트워크를 통해 이루어진다. 즉, 생산된 지식의 과학성을 보장해주는 적절한 연구 문제와 유리스틱의 선정은 과학적 담론의 네트워크를 통제하는 패권에 의해 '자연스럽게 강제' 된다. 물론 과학적 담론의 네트워크는 지식 생산과 발표의 제도적 기제를 운영 · 통제하는 핵심 세력에 의해 주도적으로 구성되며, 그들의 과학적 제안에 적극 동조하여 지식을 생산하는 추종자들에 의해 강화된다. 또한 이러한 네트워크는 그것이 견지하고 있는 유리스틱으로부터의 일탈과 조직적 저항을 제어하기 위한 효율적 압력 행사 경로로서의 기능뿐만 아니라, 그를 일종의 신화(myth)로서 받아들이게 하는 사회화 기능을 수행하기도 한다.[31]

이처럼 모든 연구 전통은 담론 네트워크를 중심으로 결성되며, 특히 견고한 제도적 기반을 갖추지 못한 "약한 과학"에게 담론 네트워크는 지식 생산과 발표를 위한 거의 유일한 대안적 기제가 된다. 우리 사회과학 연구에 있어서 마르크시스트 연구 전통이 과거 군부권위주의 정권의 극심한 탄압과 사회주의 체제의 연속적 붕괴라는 상황적 · 이론적 압박을 지하 세미나 조직과 같이 이념적 결속력에 기반을 둔 담론 네트워크를 통해 극복함으로써 오늘날 강력한 과학 체계로 자리 잡게 되었다는 사실은 연구 전통의 구축 과정에 있어서 조직화의 중요성을 시사해준다.

---

31 김웅진, 『과학헤게모니의 정치적 영상』(2005), pp. 42~43. [ ] 속의 말은 이해를 돕기 위해 저자가 삽입한 것임.

2) 정치경제적 후원의 획득

도전 집단은 앞서 논의한 바와 같이 일단 과학적 충성심에 입각한 헤게모니에 힘입어 담론 네트워크를 결성하나, 그러한 비공식적 네트워크가 제도적 기반을 마련함으로써 새로운 연구 전통으로 조직화되기 위해서는 과학행위의 지속적 전개에 요구되는 자원 동원 능력을 갖추어야 한다. 즉, 정서적 · 귀속적 헤게모니가 실질적 자원 동원 및 배분 능력에 힘입어 강력한 통제력을 발휘하는 기능적 · 제도적 헤게모니(functional-institutional hegemony)로 전환되어야 한다.

도전 집단의 핵심 세력은 기존 연구 전통의 자원 배분 과정에서 상대적으로 소외되었거나[32] 강한 신분 상승 욕구를 지닌 과학자들인 경우가 대부분이다. 물론 모든 소외 집단이 과학적 도전을 시도할 수 있는 것은 아니다. 즉, 불만의 표출을 새로운 유리스틱을 통해 정당화할 수 있는 과학적 능력을 지닌 과학자들만이 도전 집단의 결성에 필요한 설득력과 호소력을 발휘할 수 있다. 그러나 애당초 기존 연구 전통 속에서 후원을 얻지 못한 이들이 도전 집단의 유지와 확장에 요구되는 기능적 · 제도적 헤게모니를 획득하기란 결코 쉽지 않다. 따라서 이들은 일단 담론 네트워크를 통해 집단의 귀속적 결속력을 다진 후, 기존 연구 전통의 후원 세력과 대립적 관계에 있는 세력의 후원을 모색하거나 후원을 놓고 기존의 연구 전통과 경쟁에 돌입하게 된다.

정치권력의 전환은 연구 전통의 전환을 추동한다. 정권의 급격한 변동이나 붕괴는 그의 후원에 힘입어 주도적 위치를 자치하고 있던 연구 전통에게 심각한 타격을 주며, 기대하지 못했던 타격으로 인해 정치적 취약성을 노정하는 연구 전통은 도전에 대한 대응 능력이 급격히 저하됨으로써

32 혹은 연구 자원을 배분하는 의사 결정 과정에서의 배척.

궁극적으로는 붕괴될 가능성이 높다. 정권의 변동은 또한 도전 집단으로 하여금 새로운 정권에 대한 접근 기회를 부여하고, 신정권은 접근한 집단이 권력 유지와 행사에 있어서 과학적 조력자가 될 수 있는가의 여부에 따라 후원을 결정한다. 즉, 새로운 연구 전통은 새로운 정권의 정당성 확보 과정에 적극 참여함으로써 후원을 확보한다. 황우석의 유리스틱에 대한 범사회적 지지의 대부분이 노무현 정권의 전폭적 후원을 통해 동원되었다는 사실을 부정할 수 없다. 따라서 연구 전통의 사회적 위상은 결코 과학적으로 규정될 수 없다. 어떤 연구 전통이 지닌 과학적 설득력과 정당성이란 기실 정치경제적 · 사회적 후원의 후광 효과에 불과하며, 수많은 연구 전통 가운데 어느 것이 주도적 전통으로 자리 잡느냐는 전적으로 후원의 수준에 따라 결정된다고 보아야 한다.

> 과거 정치사회적 후원에 힘입어 안정적 위상을 이미 확보하고 있던 연구 프로그램은 패권 체제의 변동과 그에 따른 대중의 이념적 전환에 신속히 순응할 경우에 한해 그 위상을 유지할 수 있으나, 과학 체계의 변동은 정치사회적 패권의 변동만큼 신속히 이루어질 수 없다는 딜레마를 지닌다. 과학 체계의 공고화 · 정상화 과정은 상당히 긴 시간을 요하며, 특히 정상과학은 그 자체의 재생산과 강화를 지향한 내적 역동성 때문에 본질적으로 급격한 변화에 저항한다. 즉, 정치사회적 패권의 변동은 연구 프로그램의 완만한 변동을 항상 앞지르게 마련이며, 따라서 [……] 패러다임 지식(paradigmatic knowledge)은 흔히 새로 부상한 패권 집단이나 대중에 의해 구태의연하거나 '쓸모없다'는 비난을 받게 된다.[33]

---

33 김웅진, 『과학헤게모니의 정치적 영상』(2005), p. 20.

5. 실의 연합과 과학적 전환의 탈과학성

이미 지적한 바와 같이 연구 전통의 전환 과정은 유리스틱의 적실성에 대한 과학적 신조의 전환이 정치경제적 후원에 힘입어 새로운 연구 전통의 구축을 야기하는 과정이다. 다시 말해서 연구 전통의 전환은 국가 권력을 필두로 한 정치경제적 패권의 허용과 인증을 요구하기 때문에 과학적 전환인 동시에 정치적 전환이라고 볼 수 있다.

이러한 맥락에서 과학성 또는 과학적 적실성의 본질적 의미에 대한 재성찰이 요구된다. 만약 특정한 연구 전통의 과학적 적실성이 단순한 과학사회 내에서의 인증뿐만 아니라 정치적 인증까지 요구한다면 과학성은 본질적으로 사회적 속성으로 간주되어야 한다. 즉, 어떤 연구 전통을 통해 생산된 지식은 정치사회적 효용성을 확보하지 못하는 한 과학성을 부여받지 못하며, 따라서 과학행위는 라우든(L. Laudan)의 소박한 견해와 같이 단순한 연구 문제의 풀이 작업(problem-solving activity)[34]에 그치는 것이 아니라 풀어내려고 하는 문제의 사회적 중요성과 푼 결과의 사회적 효용성을 확보하기 위한 사회적 행위가 된다. 연구 전통이나 패러다임 간의 과학적 경쟁은 과학 외적 후원을 획득하기 위한 정치적 경쟁으로 발전하고, 과학자들은 견지하고 있는 유리스틱에 대한 정치사회적 인증을 얻기 위해 다양한 설득 전략을 채택하게 마련이다.

"실험실 지식"(laboratory knowledge)은 그 자체만으로는 쓸모 있는 과학적 지식의 칭호를 얻지 못한다. 정치사회의 패권 집단은 수많은 과학적 지식 가운데에서 패권의 유지 · 재생산에 도움을 줄 수 있는 것들만을 선

34 Laudan, L., *Progress and Its Problems, Towards a Theory of Scientific Growth*(1978), p. 11.

별하여 인증하고, 그러한 지식의 생산자들과 후원-수혜 관계를 구축함으로써 과학을 정치 기제로 사용한다. 또한 자본주의 체제 내에서 기업 역시 과학자들과의 후원-수혜 관계를 통해 이윤의 극대화를 지향하며, 이에 따라 국가 권력-경제적 패권-과학적 패권 간에는 상호 협력과 상호 종속의 표재적 · 잠재적 네트워크가 구축된다. 이러한 네트워크의 결속력에 따라 연구 전통과 그러한 연구 전통의 패권 집단이 지닌 사회적 위상이 결정된다. 즉, 네트워크의 결속력과 안정성이 증대되면 될수록 네트워크에 소속된 연구 전통의 입지가 강화된다. 황우석의 논문 조작은 엄청난 세계적 파장을 불러일으킨 과학적 사기(scientific fraud)의 극명한 사례임에도 불구하고 그의 유리스틱은 아직 상당한 견고성을 유지하고 있다. 이는 과학 외적 실익을 중심으로 구축된 황우석 연구진에 대한 후원 연합이 효율적으로 작동하고 있음을 보여주며, 이러한 연합의 지속성은 전적으로 연합 당사자들의 실익 계측에 달려 있다고 말할 수 있다. 연구 전통, 연구 프로그램이나 패러다임의 전환은 과학적 추동력보다는 정치 경제적 추동력에 힘입어 완료된다.

제2장

과학 패권과 거버넌스 네트워크*

* 『사회과학논집』 제20권 1호(한국외국어대학교 사회과학연구소, 2002. 2.)에 게재된 저자의 연구 논문 「'지식정치'와 방법론적 네트워크」를 전면적으로 재검토하여 대폭 수정, 보완한 것임.

과학은 소수가 다수를 대변하는 대의체계이다.[1] (Steve Fuller)

과학자들이 과학 게임의 규칙을 놓고 서로 다툴 때 도대체 무슨 말을 해줄 수 있는가? 과학 외적 힘을 통해 싸움을 강제로 끝내는 것 외에 방법론적 논쟁을 합리적으로 해결할 수 있는 방법이 과연 있는가?[2] (Larry Laudan)

1. 지식 생산의 패권적 제어

과학사회 내에서 이루어지는 지식 생산은 제1장에서 논의한 바와 같이 결코 자유롭지 못하며, 정향과 영역, 경로와 방식에 있어서 과학사회의 고유한 거버넌스 네트워크(governance network)에 의해 제어된다. 그렇다면 하나의 연구 전통이 표출하는 결속력은 결국 이러한 네트워크의 소산이 아닌가? 통합적 지식 생산행위는 유리스틱에 대한 개별 과학자의 자발적 동의라기보다는 연구 전통으로부터의 일탈을 제어하는 패권 기제에 의해 강제되는 것이 아닌가?

모든 "강한 과학"은 타당한 것으로 간주되는 일단의 연구 문제와 연구 문제를 풀기 위한 유리스틱의 획일적 수용에 따른 연구 정향의 수렴을 특징으로 한다. 이러한 연구 정향의 수렴은 과학사회 내의 고유한 권력 관

---

1 Fuller, S., *The Governance of Science*(2000), p. 8에서 인용.

2 Laudan, L., *Science and Values, The Aim of Science and Their Role in Scientific Debate*(Berkeley · LA · London: University of California Press, 1984), p. 34에서 인용.

계에 기초하고 있다고 말할 수 있다. 즉 과학사회를 주도하는 핵심 세력[3]은 제도적(institutional) · 관계적(relational) 헤게모니를 기반으로 삼아 강력한 거버넌스 네트워크를 구축하고, 그를 통해 과학행위의 일관성과 통합성을 유지해나간다.

과학사회의 거버넌스 네트워크는 다양한 맥락에서 구축되나 특히 그 가운데에서도 특정한 유리스틱[4]을 수용하도록 유도하는 지식 생산의 제어 네트워크가 가장 큰 힘을 발휘한다. 왜냐하면 유리스틱은 연구 문제와 그 풀이의 맥락을 동시에 함축하고 있기 때문에 연구 전통의 고유성을 담보해주는 가장 핵심적인 과학 체계의 구성인자이기 때문이다. 이에 따라 핵심 세력은 유리스틱을 패권 행사의 주된 매체로 사용하게 마련이며, 그 배후에는 연구 전통의 강화를 통해 과학적 · 과학 외적 실익을 극대화하려는 동기가 내재되어 있다고 볼 수 있다.[5]

이처럼 실익을 보장해주는 연구 전통의 정당성은 국가 권력의 정당성이 국민의 광범위한 지지를 통해 확보되는 것과 마찬가지로 핵심 세력이 견지하는 유리스틱에 대한 추종자들의 적극적 · 소극적 지지를 동원함으로써 유지된다. 즉, 핵심 세력은 지식 생산에 따른 실익의 배분 기제를 독점함으로써 유리스틱의 적실성에 대한 지지를 동원하기 위한 과학적 설득과 정치적 위협을 병행한다. 그리고 이를 통해 "과학사회의 전문가적 삶을 지배하고 있는 일련의 규범이나 기준의 공유"[6]야말로 실익의 안정적 확보를 위한 지름길이라는 '탈과학적 과학관'이 형성된다. 따라서 과

---

3 서론의 각주 19 참조.

4 혹은 연구방법론.

5 Collins, H., *Changing Order: Replication and Induction in Scientific Practice*(1985), p. 144.

6 Laudan, L., *Science and Values, The Aim of Science and Their Role in Scientific Debate*(1984), p. 9.

학행위의 본질을 파악하려면 핵심 세력의 패권이 지식 생산의 거버넌스 네트워크를 통해 행사되는 경로를 면밀히 추적할 필요가 있다.

2. 과학 패권의 행사 경로

과학사회를 포함한 모든 공동체는 "의사 결정 과정을 효율적으로 주도하는 결속된 지배 집단의 존재"[7]를 전제로 하고 있다. 이러한 지배 집단은 명성과 권위, 제도적 위상과 결정 작성에 있어서의 주도권에 기반을 둔 헤게모니를 유지 및 확장해나가며, 이는 과학사회의 경우도 마찬가지이다. 즉, 과학사회의 지배 집단(핵심 세력)은 ① 제도적 제어(institutional control)와 ② 구성원의 선별적 충원(selective recruitment) 등 두 가지 경로를 통해 과학행위를 통제하기 위한 거버넌스 네트워크를 운영한다.

1) 제도적 제어

과학행위의 제도적 제어는 지식 생산과 관련된 기제와 그에 수반된 자원 및 정보의 독점적 운용이라는 측면에서 이루어진다. 예컨대 대학 · 전문연구기관 · 학회 등 각종 학술단체의 운영권을 장악한 집단은 구성원들이 생산한 지식의 발표, 인증 및 확산에 대한 제도적 통제력을 확보함으로써 연구 전통의 핵심 세력으로 부상하며, 일단 패권 집단으로서의 공식적 위상을 확보한 핵심 세력은 동조자 내지는 추종자들을 적극적으로 동원하여 강력하고도 조밀한 거버넌스 네트워크를 조직한다.

7 Knoke, D., "Network of Elite Structure and Decision Making," *Sociological Methods & Research* 22: 1(1993), p. 23.

이러한 네트워크는 저항 세력이 중심부로 진입하지 못하도록 폐쇄성 · 차별성과 불공정성을 표출하며, 구성 양식에 있어서 중심부로부터 점차 주변부로 확산되어나가는 다층적 고리[環]의 형태를 취한다. 고리의 외곽, 곧 주변부에 위치한 과학자들은 비록 생산한 지식의 발표 기회를 획득함에 있어서는 명시적 불이익을 받지 않는다고 하더라도 발표 방식이나 매체와 관련된 의사 결정 과정에서 소외되기 때문에 심리적 위축감과 상대적 박탈감을 갖게 된다. 그리고 이처럼 심리적으로 위축된 주변부 과학자들은 점차 제도화된 과학행위에 참여하려는 욕구, 더 나아가 과학 패권에 대한 저항 의지를 상실하게 됨에 따라 무기력에 함몰되거나 네트워크로부터 이탈한다.[8]

제도화된 거버넌스 네트워크는 정보 네트워크(information network)로서 작동한다는 측면에서 역시 강한 폐쇄성을 노정한다. 즉, 네트워크의 불평등 구조는 정보의 교환과 획득 능력에 있어서 구성원 간의 불평등성을 표출하며, 이에 따라 중심부로의 접근이 가능한 구성원들은 조직이 보유하고 있는 자원의 내역과 그 배분 방향에 대한 정보를 획득하기 쉬운 반면 주변부 과학자들은 정보 매체로부터 차단된다.[9] 이와 같은 정보 획득의 불평등성은 두 가지 현상을 초래한다. 첫째, 핵심 세력에 대항하는 주변부 과학자들의 방출이나 이탈을 조장함으로써 네트워크의 패권 체제, 즉

---

8 역으로 네트워크 중심부로의 진입이 허용된 '제도권 과학자'들은 상당한 수준의 심리적 안정감을 얻게 되며, 이러한 심리적 안정감이 그들로 하여금 핵심 세력이 견지하고 있는 연구 전통에 더욱 집착하게 함으로써 과학 네트워크(혹은 연구 프로그램이나 패러다임)의 공고화와 안정화를 가져온다. 그러나 바로 이러한 심리적 안정감은 궁극적으로 과학행위에 있어서의 무책임성과 창조성의 상실을 초래함으로써 네트워크의 내적 붕괴 요인으로 작용할 수 있다.

9 물론 헤게모니 집단에 의한 정보의 독점과 통제, 그리고 그에 따른 정보 교환의 불평등성이 유독 과학사회 내에서만 나타나는 것은 아니다. 모든 사회적 네트워크를 통제하는 지배 집단은 정보의 통제 능력을 영향력의 기반으로 삼는다고 볼 수 있다. Knoke, D., "Network of Elite Structure and Decision Making"(1993), pp. 24~25 참조.

과학정치의 제도적 기반을 더욱 공고히 한다. 둘째, 지식 생산에 요구되는 자원과 안정적 위상을 확보하려는 과학자들의 본연적 욕구를 자극함으로써 대항 집단이 핵심 세력의 과학적 정향에 동조하도록 유인한다. 물론 주변부 과학자들이 핵심 세력에 적극적으로 대항하거나 새로운 핵심 세력으로 부상하기 위해 네트워크를 장악하려 시도할 수도 있다. 그러나 과학사회의 핵심 세력은 정치사회의 권력 집단과의 긴밀한 연대를 통해 부상하며, 따라서 쉽게 전복되거나 교체되지 않는다. 바꾸어 말해서, 과학사회의 핵심 세력은 거버넌스 네트워크의 운영과 유지에 필요한 후원을 얻기 위해 정치경제적 패권과의 연대를 모색하기 때문에 정치사회의 권력 구조와 이데올로기적 성격이 급격히 변동되지 않는 한 주변부 과학자들이 중심부로 진입할 수 있는 가능성은 거의 없다.

코언(I. B. Cohen)은 취약한 과학 집단이 정치권력과의 연대를 통해 핵심 세력으로 부상한 역사적 사례로서 뉴턴(Isaac Newton)의 정치 행각을 제시하고 있다.[10] 즉, 코언은 뉴턴이 물리적 세계의 작동 원리에 관한 자신의 혁명적 시각을 정치적으로 부각시키기 위해 "국가 권력에 노골적인 추파"(definite courting of the forces of the State)를 던진 것으로 보고 있다. 예컨대 뉴턴은 〈왕립학회〉(Royal Society)[11]와 그 후견인 국왕 제임스 2세(King James II)의 관심을 끌기 위해 저서 『프린키피아』(*Principia*) 초판의 상당 부분을 조수의 움직임에 대한 진술에 할애한 다음 이를 국왕에게 헌정한 것으로 알려지고 있다. 뉴턴은 또한 당시 영국 과학계에서 절대적 영

10 Cohen, I. B., *Revolution in Science*(Cambridge, Mass.: Harvard University Press, 1985), pp. 12~13.

11 The Royal Society of London for the Improvement of Natural Knowledge. 1660년 창설된 이래 국왕의 절대적 신뢰와 후원에 힘입어 영국 자연과학계의 핵심 세력으로 부상하였으며, 오늘날에도 영국 학계에서 상당한 권위를 인정받고 있음.

향력을 행사하고 있던 정치적 패권 세력인 교회와 밀착하여 과학적 권위의 상징인 〈보일 강좌〉(Boyle Lectures)[12]의 통제권을 획득함으로써 자신의 새로운 유리스틱을 정당화할 수 있는 제도적 장치를 마련했고, 이를 기반으로 "강력한 뉴턴 네트워크"(a powerful Newtonian network)를 결성할 수 있었다.

이와 같은 역사적 사례들로부터 지식 생산 행위의 과학적 적실성에 관한 논쟁은 종결의 맥락이 패권적으로 결정되지 않는 한 무한히 계속된다는 사실을 알 수 있다. 바꾸어 말해서, 담론 종결의 적정선이나 타협점의 수용에 대한 과학계 내외의 정치적 조정이 이루어지지 않는다면 공허한 의미의 무한 퇴행(infinite regress of meaning) 내지는 실험자 퇴행(experimenters' regress)[13]이 진행될 뿐이다.[14] 황우석의 줄기세포 조작에 관해 지루하게 계속되던 과학적 공방이 법정 판결이라는 억압적 패권 기제를 통해 일시에 종결되었고, 그로부터 파생된 과학 외적 사안에 대한 새로운 담론, 예컨대 연루되어 처벌받은 과학자들의 복직의 윤리성이나 줄기세포와 관련 없는 동물 복제 연구의 경제적 소득에 관한 담론이 시작되었다는 사실은 무엇을 시사해주는가?

과학적 지식은 내부 인증(internal authorization)과 외부 인증(external

---

12 17세기 아일랜드의 저명한 자연철학자(자연과학자) 로버트 보일(Robert Boyle)의 유지에 따라 제도화된 강좌로서, 1692년 첫 강좌가 신학자 벤틀리(Richard Bentley, 1662~1742)에 의해 개설된 이래 당대의 저명한 자연철학자들이 신의 존재와 그에 관련된 다양한 논쟁점에 관한 자신의 견해를 밝힘. 1905년까지 과학적 견해와 시각의 정치사회적 인증 기제의 역할을 수행하였고, 2004년에 부활되어 매년 2월 개최되고 있음.

13 어떤 현상이나 사물의 존재 자체에 대한 의문이 제시될 경우 이를 기법적 측면에서 회피하기 위해 채택되는 순환 논리(question-begging).

14 Collins, H., *Changing Order: Replication and Induction in Scientific Practice*(1985), p. 88; Knorr-Cetina, K., "Social and Scientific Method or What Do We Make of the Distinction between the Natural and the Social Sciences?," *Philosophy of the Social Sciences* 11: 3(1981), p. 338.

authorization)이라는 이중적이자 순차적 절차를 성공적으로 통과할 경우에 한해 타당성을 사회적으로 보장받을 수 있다. 즉, 어떤 지식이 과학적 타당성을 확보하기 위해서는 우선 그 생산 과정에 있어서 생산자가 자신이 속한 연구 전통이 견지하고 있는 유리스틱을 충실히 준수했다는 과학적 판정을 받아야 한다(내부 인증). 그러나 내부 인증만으로는 불충분하며, 연구 전통 자체의 과학적 정당성과 수월성이 과학사회가 포함되어 있는 보다 광범위한 정치사회의 패권 집단, 예컨대 국가나 정부에 의해 최종적으로 보장되어야 한다(외부 인증). 존슨(D. Johnson)에 따르면,

> 과학이란 환경에 따라 주어진 목적과 가치가 내재되어 있는 사회적 행위이다. [……] 즉 사회적 행위로서의 과학은 특정한 유형의 [지식 생산] 행위와 연구를 조장하기도 하고 억제하기도 한다. 요컨대 과학 체계는 공간적 · 시간적으로 그 세부적인 모습이 바뀐다. [……] 과학자들은 어디까지나 사회제도의 테두리 속에서 행동한다. 따라서 그들의 행동과 행동을 제어하는 제도들은 사회적 · 윤리적 · 정치적인 시각에서 평가되어야 한다.[15]

여기에서 과학자들의 행위, 곧 지식 생산 행위를 평가하는 "사회적 · 윤리적 · 정치적 시각"이란 어떤 시각을 의미하는가? 외부 인증의 척도는 무엇인가? 대부분의 경우에 외부 인증은 과학성과 동떨어진 '실익 판정'의 성격을 갖게 마련이다. 즉, 인증의 거의 유일한 척도는 연구 전통이 정치사회적 패권 집단의 권력 기반 강화와 거버넌스의 원활한 유지에 어느 정도 공헌할 수 있느냐이다. 상당한 정치경제적 실익을 가져다줄 것으로

---

15 Johnson, D., "Forbidden Knowledge and Science as Professional Activity," *Monist* 79: 2(1996), p. 208. [ ] 속의 말은 이해를 돕기 위해 저자가 삽입한 것임.

기대되었던 황우석의 줄기세포 연구에 대한 우리 정부의 제도적 지지는 정치적 후견을 통한 외부 인증의 극명한 사례이며, 또한 줄기세포의 조작이 확인된 즉시 이루어진 다양한 제재 조치들, 예컨대 황우석이 지녔던 "최고 과학자" 칭호의 박탈은 과학행위의 정당성이 궁극적으로는 정치사회적 헤게모니에 의해 판정된다는 사실을 여실히 보여준다.

2) 선별적 충원

과학 패권은 또한 과학사회의 선별적 충원을 통해 표출된다. 즉, 과학 패권의 존재는 과학사회의 구성원들이 지닌 배경과 연대 양상을 통해 확인될 수 있다. 선별적 충원을 위한 기준은 매우 다양하나, 크게 보아 핵심 세력의 과학적 · 정치적 정향에 대한 동조 여부와 아울러 핵심 세력과의 귀속적 · 정서적 연대 가능성을 지적할 수 있다.

① 과학적 · 정치적 정향에 대한 동조

과학사회를 주도하는 핵심 세력의 과학적 정향과 정치적 신념에 대한 추종 집단의 동조는 별개의 것처럼 보이나, 과학사의 전개 과정을 살펴볼 때 이들이 필연적으로 연계되어 있다는 사실을 발견할 수 있다. 즉, 핵심 세력의 과학적 정향은 그들이 통제하고 있는 연구 전통이 표방하고 있는 폐쇄적 과학 이데올로기와 정치사회의 주도적 정치 이념을 중첩적으로 반영하게 마련이다. 왜냐하면 과학적 정향이란 결국 과학사회 내에서 이루어지는 강압적 합의가 정치사회적으로 정당화된 것이기 때문이다.

과학적 정향은 우선 연구 문제의 적실성, 다음으로는 연구 문제를 풀기 위한 유리스틱의 적실성에 대한 과학자들 간의 다층적 · 계서적 합의[16]를

16 과학적 합의는 규범적 · 이념적 측면(doxatic agreement)을 최상의 맥락으로 삼아 다음으로

기반으로 삼고 있다. 이러한 합의는 일단 핵심 세력 내에서 형성된 후 과두제적 거버넌스 네트워크를 통해 추종 집단으로 확산된다.[17] 즉, 합의의 동원은 개별 과학자의 자발적 선택이라기보다는 과학 외적 인자, 특히 연구 전통 내의 권력 관계로부터 추진력을 얻게 된다. 그러나 과학사회 내에서 과학적 정향에 대한 합의가 성공적으로 이루어졌다고 해서 그것이 곧 정당화되는 것은 아니다. 앞서 지적한 바와 같이 과학사회는 보다 포괄적인 정치사회의 하부 구성단위이며, 따라서 과학사회 내에서 전개되는 모든 과학행위는 정치사회적 용인을 획득한 경우에야 정당화된다. 정치사회적 용인은 다양한 맥락에서 이루어지나 가장 두드러진 것은 연구 문제의 선정에 대한 용인이라고 말할 수 있다. 과학자들은 연구 문제의 선정에 있어서 국가 권력을 포함한 정치권력의 명시적 · 암시적 통제를 결코 회피할 수 없다. 자연과학 연구이든 사회과학 연구이든 모든 과학 연구에 있어서 상정되는 연구 문제들은 사회공학적 실용성과 효용성에

는 문제풀이의 의미 혹은 연구 대상에 대한 타당한 인식의 맥락(epistemic agreement), 마지막으로 가장 낮은 수준에서는 풀이의 구체적 방식과 절차의 맥락(methodological agreement)이라는 계서적 성격을 지닌다.

17 "풀러(Fuller 1983)는 과학적 합의를 개별적 합의와 집단적 합의로 구분한 후, 개별적 합의는 어떤 과학자가 독자적이며 고유한 선택에 따라 특정한 인식의 맥락이나 방법론적 틀을 수용하는 방식으로 이루어진다고 주장한다(accidental consensus). 그는 또한 어떤 방법론 체계를 새롭게 제시한 과학자(설득자)가 여타 과학자들에게 그러한 방법론의 효용성과 적실성을 납득시킴으로써 조직적인 합의가 성공적으로 이루어지는 경우를 집단적 합의로 규정하면서(essential consensus), 집단적 합의는 다수 피설득자들의 공동 선택에 따른 것이라는 측면에서 개별적 합의에 비해 훨씬 큰 안정성을 나타낸다고 주장하고 있다. 여기에서 문제가 되는 것은, 합의가 개별적이든 집단적이든 순수한 과학적 판단에 의해 이루어지는 경우는 대단히 드물다는 사실이다. 특히 집단적 합의는 개별적 합의에 비해 연구 방법의 제안자가 지닌 과학계 내의 사회적 위상 내지는 영향력을 크게 반영한다고 말할 수 있다. 그리고 바로 이러한 집단적 합의의 강도가 특정한 연구 전통(패러다임이나 연구 프로그램)의 견고성, 나아가서는 배타성과 폐쇄성의 수준을 결정한다고 보아야 한다." 김웅진, 「지식의 축적과 연구 전통의 진보: 방법론적 네트워크를 중심으로」, 『한국정치학회보』 33: 3(1999), p. 15에서 인용.

대한 정치권력의 판단에 따라 용인되기도 하며 제재되기도 한다.[18] 연구 문제의 적실성에 관한 탈과학적 판단이 곧 과학적 판단으로 전이되는 것이다. 이러한 맥락에서 과학사회의 거버넌스 네트워크는 구성원의 충원에 있어서 정치적 순응성(political conformity)을 가장 중요한 선별 척도로 채택하게 되며, 더 나아가 그러한 탈과학적 선별성을 과학성으로 위장하는 경향을 나타낸다. 즉, 핵심 세력의 과학적 정향과 그 상위 맥락으로서의 정치사회적 이념을 적극적으로 수용하거나 적어도 소극적인 동조를 보이는 과학자들만이 연구 전통의 멤버십을 얻을 수 있다. 그리고 정규 멤버십을 갖고 있는 과학자가 생산한 지식만이 "진정성"을 확보할 수 있다.

> 어떤 과학적 주장도 "스스로 빛을 발해" 진정성(credibility)을 인정받을 수 없다. 사회학자들과 역사학자들은 과학적 주장이 진실 또는 거짓으로 판정되는 [……] 정치적 경로에 특별한 관심을 기울여왔다. [이들에 따르면 어떤 과학자의] 개인적인 [관측과 연구의] 경험과 공식화된 지식 사이의 간극은 항상 설득에 의해 메워지며, 과학적 주장의 설득력을 확보하기 위해 동원될 수 있는 자원은 각 문화권이 보유하고 있거나 [호의적으로] 반응하는 모든 도구(tool)를 포함한다[는 것이다].[19]

여기에서 한 과학자가 자신의 주장에 대한 호의적 반응을 유도해내는

---

18 연구 문제의 선정과 인증에 있어서 표출되는 과학행위의 정치화에 관해서는 김웅진, 「지식생산경로의 폐쇄성: 정치현실과 정치학적 시각」, 『한국정치학회보』 24: 특(1990), pp. 321~322 참조.

19 Shapin, S., "Here and Everywhere: Sociology of Scientific Knowledge," *Annual Review of Sociology* 21(1995), p. 305. [ ] 속의 말은 이해를 돕기 위해 저자가 삽입한 것임.

데 사용할 수 있는 "도구"가 무엇인지는 자명하다. 그것은 두말할 나위 없이 정치사회적 인증을 얻은 과학 체계, '믿을 만한 연구 전통'의 멤버십인 것이다. 우리 사회과학계의 일부 학술지가 논문 게재 자격을 전임교수에 한정하고 있다는 사실은 무엇을 시사하는가? 신임 교수나 연구원의 선발 과정에서 이념적 성향이 암묵적 심사 기준으로 작동하는 이유는 무엇인가? 이른바 '자유민주주의에 대한 확신'이나 '진보적 성향' 혹은 '정당활동 전력(前歷)' 등이 과학행위와 어떻게 연관될 수 있는가?

② 귀속적 · 정서적 연대

누차 강조한 것처럼 과학 패권의 요체는 과학행위를 통해 생산되는 과학적 · 과학 외적 실익의 배타적 배분권이며, 과학사회의 거버넌스 네트워크는 바로 실익 배분의 역동을 통제하는 기제이다. 이러한 네트워크는 제도적 표면(表面) 기제와 더불어 귀속적이자 정서적인 연대에 기반을 둔 이면(裏面) 기제 등 두 가지 층위로 구성된다. 이면 기제는 표면 기제에 필적하는 강력한 힘을 발휘하는 충원 기제로서 핵심 세력의 과학적 · 정치적 입장에 대한 적극적 지지를 정서적으로 유도하는 역할을 수행한다. 즉, 상호 귀속성과 일체감에 근거한 신뢰(identity-based trust)[20]야말로 핵심 세력-추종 집단 간의 연대를 강화시키는 가장 중요한 정서적 기반이며, 이에 따라 구축되는 이면 기제는 표면 기제의 원활한 작동을 뒷받침하는 비공식적 기제라고 볼 수 있다.

20 샤피로 · 셰파드 · 체라스킨(Shapiro · Sheppard · Cheraskin, 1992)은 개인 간, 집단 간 상호 신뢰의 유형을 "제재에 근거한 신뢰"(deterrence-based trust), "지식에 근거한 신뢰"(knowledge-based trust)와 "일체감에 근거한 신뢰"로 구분하고 있다. Shapiro, D., Sheppard, B., and Cheraskin, L., "In Theory: Business on a Handshake," *Negotiation Journal* 8(1992), pp. 365~377.

이면 기제는 연구 전통 속에서 공식적 위상을 획득하려는 신진 과학자들이 핵심 세력에게 접근하기 위해 흔히 선택하는 경로이자 핵심 세력–추종 집단 간에 탈제도적 실익 교환이 이루어지는 암시장(暗市場)이다. 예컨대 황우석과 그의 연구진들 사이의 불법적 실익 교환, 즉 연구비의 오남용이나 충성도에 따른 자의적 배분 등은 주로 이면 기제를 통해 이루어졌다고 볼 수 있다. 줄기세포 조작 사건으로 인해 황우석 연구진에 대한 정부의 전폭적 후원이 완전히 중단된 이후에도 이러한 이면 기제가 새로운 형태의 표면 기제, 곧 〈수암생명공학연구원〉을 통해 재구축되었다는 사실은 핵심 세력–추종 집단 사이에 구축되는 정서적 연대가 어느 정도로 강력한 응집력과 재생력을 지니는가를 명확히 보여준다.

핵심 세력에 대항하는 일탈자들에게 '무능함의 주홍글씨'를 각인하거나 적(敵)의 표식을 붙이는 작업(labelling)[21] 역시 이면 기제를 통해 진행된다. 예컨대 핵심 세력과의 귀속적 연대를 강화하기 위한 빈번한 사적 회동이나 학회장 선거 운동과 같은 정치적 책략에의 동참을 거부하는 과학자들은 따돌림, 흠집내기(bruising), 심리적 가학(psychological bullying) 등 전형적인 이면기제의 제재를 받게 된다. 이러한 제재를 받은 과학자의 사회적 일탈성은 이면 기제의 의사소통 경로를 통해 급속히 전파되어 지식생산 기회를 더욱 축소시키며, 이에 따라 일탈자로 하여금 과학행위 자체에 대한 심리적 거부감과 염증을 갖도록 함으로써 연구 전통으로부터의 자발적 퇴출을 유도한다. 요컨대 대부분의 일탈성은 패권에 대한 순응의

21 이러한 현상은 사회학에 있어서 일탈 행위(deviant behavior) 혹은 일탈자(deviants)의 연구에서 동원되는 표식화 이론, 즉 일탈이란 '정상적'인 것으로 합의된 행위 양태나 규범으로부터 벗어나는 모든 사회적 행동에 비정상의 이미지를 반복 부여함으로써 규정된다는 시각에서 논의될 수 있다. McCaghy, C., *Deviant Behavior*(New York: Macmillan, 1976), pp. 80~87 참조.

수준에 따라 규정되는 정치적 성격일 뿐이며, 이면 기제는 일탈의 개념을 정의하여 통제 기제의 작동권 내에 들어올 수 있는 행위 영역과 행위자의 성격을 결정한다고 볼 수 있다.[22]

> 일탈은 특정한 유형의 행위가 지닌 본연적 성격이 아니다. 즉 이는 직접적 · 간접적으로 어떤 행위를 관측하는 집단에 의해 부여된 성격이다. 따라서 일탈 연구에 있어서 핵심적인 변인은 어떤 행위의 에피소드에 일탈이라는 표식을 붙일 것인가 말 것인가를 결정하는 집단이다.[23]

또한 적과 동지의 구분을 통한 과학사회의 선별적 충원이나 배제는 연구 정향과 업적에 대한 공적 검증(public scrutiny)이라기보다는 학연 · 혈연 · 지연 · 친분 등 귀속적 연대의 소산이며, 특히 그러한 연대가 표면 기제의 가면(假面)을 쓸 수 있을 경우에 제도적으로 정당화된다. 최근 사회적 물의를 일으키고 있는 대학 신임 교수의 충원 과정에 있어서 연구 업적이나 강의 능력의 부당한 평가, 성 차별, 출신 지역 차별 등은 모두 이면 기제의 작동을 표면 기제의 운영 원칙을 명분으로 정당화하려는 시도라고 말할 수 있다.

---

22 Erikson, K., *Wayward Puritans: A Study in the Sociology of Deviance*(New York: John Wiley & Sons, 1966), pp. 25~26.

23 Erikson, K., "Notes on the Sociology of Deviance," in E. Becker, ed., *The Other Side: Perspective on Deviance*(New York: Free Press, 1964), p. 11.

3. 거버넌스 네트워크의 재생산

과학 헤게모니를 정당화하기 위한 거버넌스 네트워크는 주로 지식 생산의 사회적 한계(social limit)를 설정하고 특정한 유리스틱에 대한 교조적 훈육을 수행함으로써 지속적으로 유지되고 재생산된다.

1) 지식 생산의 사회적 한계와 과학자 연합

연구 전통의 핵심 세력은 지식 생산의 목표와 영역, 방식과 경로가 결코 넘어설 수 없는 사회적 한계를 획정해줄 뿐만 아니라 생산자들 간의 자발적 연합을 유도함으로써 거버넌스 네트워크를 재생산한다. 우선 지식 생산의 사회적 한계는 지식 생산에 요구되는 자원의 배분과 생산된 지식의 사회적 확산 과정에서 과학자들의 행위 영역을 규정하는 기준으로 작동한다. 즉, 공인된 연구 자격과 연구 자원의 획득 가능성은 제도화된 거버넌스 네트워크에의 가입 여부에 따라 결정된다. 예로서 한 과학자가 연구 기금을 수혜하기 위해서는 그러한 기금의 운영 조직이 제시하고 있는 과학행위의 사회적 한계를 적극적으로 받아들여야 하며, 이에 따라 안정적인 과학행위는 바로 그것을 제어하는 거버넌스 네트워크를 필요로 한다는 역설적 현상이 표출된다. 요컨대 핵심 세력은 과학행위의 획일성과 수렴성을 사회적 한계의 형태로서 명시적 · 암시적으로 강요함으로써 거버넌스 네트워크를 더욱 강화해나간다.

또한 거버넌스 네트워크는 생산된 지식의 평가와 그에 따른 생산자의 평가에 있어서도 결정적 영향력을 행사한다. 즉, 한 과학자의 유능함에 대한 과학사회의 평가는 그가 얼마나 중요한 연구 결과를 제시하였는가에 따라 이루어진다. 그런데 이러한 중요성의 평가는 연구 전통 내에서 용인된 유리스틱, 곧 핵심 세력이 제안한 유리스틱의 사용 여부에 따라 판정되기 때문에 핵심 세력의 과학적 정향에 대한 순응과 추종은 과학자로서의 신분 유지에 있어서 피하기 어려운 족쇄가 된다. 물론 '유능하다는 평가'가 곧 과학자로서의 신분 유지를 위한 필요충분조건은 아니다. 그러나 이와 같은 평가는 지식 생산 행위의 지속 가능성과 직결된다는 측면에서 모든 과학자는 유능하다는 평가를 얻으려 시도하게 마련이며, 따라서 평가 주체가 견지하고 있는 과학적 정향에 동조할 가능성이 대단히 높다. 과학행위를 안정적으로 수행하기 원하는 한 평가 주체가 관리하는 거버넌스 네트워크의 재생산 과정에 적극적으로 참여할 수밖에 없는 것이다.

지식의 공동 생산을 위한 과학자 연합 역시 연합을 주도하는 세력의 유리스틱에 대한 동료 과학자들의 동조를 전제로 하여 결성된다. 이러한 유리스틱 연합은 그에 따른 과학적 · 과학 외적 실익을 성공적으로 확보할 경우에 지속성과 결속력이 더욱 증대됨으로써 과학사회의 총체적인 거버넌스 네트워크를 유지 · 강화해주는 하부 구성 단위로서 작동하게 된다. 예컨대 공동 연구 프로젝트를 제출하여 상당액의 연구 기금을 획득한 과학자 연합은 비록 주기적이라고는 할 수 없으나 기회가 주어질 경우에 그러한 연합 행위를 반복하는 경향을 보인다. 물론 과학자 연합은 앞서 논의한 과학행위의 사회적 한계와 밀접한 연관성을 갖는다. 즉 제도화된 공식적 연구 조직은 조직의 속성과 정체성을 강화하기 위해 그들이 제시한 사회적 한계(사회적 조건) 속으로 가능한 한 다수의 과학자 내지 과학자 집단들을 유인할 필요가 있으며, 따라서 단독 연구보다는 연합을 통한 공동 연구에 호의적으로 반응하는 경향을 보인다.

2) 교조적 훈육

또한 거버넌스 네트워크는 교조적 훈육, 특히 엄격한 과학방법론 교육을 통해 재생산된다. 예로서 대학에서의 과학방법론 교육은 거의 동일한 입장을 취하고 있는 과학자들에 의해 이루어지고 있으며, 담당 교수의 선발 과정에 있어서도 특정한 방법론의 수용 여부가 가장 중요한 기준이 된다. 물론 여기에서 특정한 방법론이란 주도적 연구 전통이 견지하고 있는 분석 규준과 협약을 의미하며, 방법론을 전공하지 않고 있는 학자들조차 이러한 '주류 방법론' 교육을 지극히 자연스러운 것으로 받아들이고 있다는 점에 주목할 필요가 있다. 즉, 과학사회 내에서 "강한 과학"의 위상을 확보하고 있는 연구 전통의 방법론적 시각은 그러한 방법론을 지식 생산 과정에 동원하지 않고 있거나 명백한 방법론적 의식을 갖고 있지 못한 과학자들에게 있어서도 당연한 것으로 간주되어 그에 대한 훈육의 필요성이 정당화된다. 바꾸어 말해서, 특정한 방법론이나 유리스틱의 적실성에 대한 동의는 획일적인 교육 풍조로서 표출된다.

방법론 교육은 교조성과 억압성을 표출한다. 즉, 방법론 교육은 '달리 생각할 수 있는 방법'의 존재 가능성을 애당초 배제한다는 측면에서 교안(敎案)과 방식이 구성된다. 또한 장기간에 걸쳐 공고화된 주류 과학방법론, 예컨대 현대 경험과학 방법론(empirical science methodology)은 그 기본 전제와 가정에 대한 의문이 제기될 수 없을 정도로 고도로 체계화·공교화되었기 때문에 피교육자들이 이에 대해 의문을 드러내거나 도전한다는 것 자체가 거의 불가능하다고 말할 수 있다.[24] 아울러 과학사회 내에서 교육자-피교육자 간의 관계 역동은 주로 동일한 방법론적 입장을 취하는가 그렇지 않은가에 따라 강화되기도 하며 해체되기도 한다. 특히 이러한 관계는 연구 전통의 재생산과 긴밀히 연결되어 있기 때문에 대부분의

24 김웅진, 「방법론의 이론 종속성과 이론의 방법론 종속성: 연구방법론의 聖化와 지식의 化石化」, 『한국정치학회보』 27: 1[하](1993), pp. 171~173.

교육자들은 교육을 통해 자신이 속한 연구 전통이 요구하는 방법론적 입장을 지닌 후보 과학자들을 충원하려고 시도한다. 방법론 교육을 통한 거버넌스 네트워크의 강화와 재생산은 "강한 과학"의 보편적 특성인 것이다.

한편 피교육자의 입장에서 볼 때 거버넌스 네트워크로의 성공적 진입은 위에서 언급한 바와 같이 과학자로서의 안정된 신분을 획득하는 데 필수불가결한 조건이기 때문에, 교육자의 방법론적 정향에 대한 과학적 판단을 내리기보다는 실익과 관련된 합리적 손익 계측에 따른 추종과 복종을 선택하게 마련이다. 바꾸어 말해서 교육을 통한 거버넌스 네트워크의 재생산은 이른바 "방법론의 신화"(Myth of Methodology)[25]를 조작함으로써 이루어진다. 파이어라벤드(P. Feyerabend)의 주장을 인용하면 이렇다.

> 잘 훈련된 애완견이 어리둥절하면서도 주인의 말에 복종하듯이 [……] 잘 훈련된 [과학자는] 아무리 갈피를 잡지 못해도 선생의 정신적 상(像)에 복종하며, 학습한 방법론적 규준들을 충실히 따른다. [……] 그는 자신이 '이성의 목소리'(voice of reason)라고 생각한 것이 교육의 인과적 효과에 불과하며, 기꺼이 수용한 '이성의 호소'란 정치적 책략(political manoeuvre)일 뿐이라는 사실을 깨닫지 못한다.[26]

---

25 과학 연구에 있어서 가장 심각한 문제는 방법론적 문제이며, " '바른 방법'을 사용하기만 하면 과학적 진보가 신속히, 그리고 틀림없이 달성"되리라는 방법론에 대한 맹신과 무비판적 의존의 확산 현상. Kaplan, A., *The Conduct of Inquiry*(New York: Chandler, 1998), pp. 24~27.

26 Feyerabend, P., *Against Method*(1993), p. 16. [ ] 속의 말은 이해를 돕기 위해 저자가 삽입한 것임.

4. 과학정치의 해체와 과학의 진보

앞서 논의한 바와 같이 과학정치의 패권적 전개 과정은 연구 전통이 공고화되는 과정, 또는 정상과학[27]의 강력한 패러다임이 구축되는 과정과 맥을 같이 하며, 과학자들의 기본적 욕구, 곧 적실하고도 타당한 지식[28]을 생산함으로써 유능하다는 평가를 획득하려는 욕구의 조작과 통제라는 양상을 취한다.[29] 즉, 안정된 신분을 통해 과학자로서의 정체성을 찾을 뿐만 아니라 더 나아가 '유능한 과학자'의 칭호에 부수된 실익을 보장받으려는 개별 과학자의 소박한 욕구는 특정한 유리스틱의 수용을 명시적 · 암시적 강요하는 거버넌스 네트워크의 억압 기제를 통해 지배적 연구 전통에 대한 정치적 지지로서 전환된다.

그러나 폐쇄적이자 배타적인 정상과학 연구의 순조로운 진행과 그에 따른 지식의 축적은 결코 과학 발전의 징표가 될 수 없다. 지식의 축적은 연구 프로그램의 중핵(中核, hard core)과 보조 가설(auxiliary hypotheses)[30]을 보호 · 강화하는 맥락에서 이루어지기 때문에 그러한 프로그램의 고유한 유리스틱을 결코 탈피하지 못한다. 지식의 축적은 과학사회의 거버넌스 네트워크를 주도하고 있는 핵심 세력이 제안한 유리스틱에 대한 추종자들의 개인적 혹은 집단적 동의로부터 추진력을 획득한다. 따라서 지식의 축적 과정은 패권적 성격을 필연적으로 나타내며, 축적성은 곧 연구 전통이 지니고 있는 세력 배분 구조의 견고성을 반영하는 척도가 된다.

---

27 제1장의 각주 4 참조.

28 즉 연구 전통의 과학적 정향과 시각에 합치하는 지식.

29 Rudwick, M., *The Great Devonian Controversy: The Shaping of Scientific Knowledge among Gentlemanly Specialists*(1985), p. 420.

30 서론의 각주 20 참조.

이러한 측면에서 지식의 축적은 진술과 통칙을 이용해 과학의 탑을 쌓는 일을 넘어서서 핵심 세력이 과학사회 내에 헤게모니의 피라미드를 구축하는 작업이라고 말할 수 있을 것이다. 물론 지식의 축적이 연구 대상에 대한 이해의 지평을 넓혀주는 것은 사실이나, 축적이 진행되면 될수록 유리스틱의 신성화와 그에 따른 지식의 구조적 화석화(化石化)가 심화됨으로써 포퍼가 과학적 진보의 추동력이라 주장한 "의식적이며 비판적인 오류 보정"(conscious, critical error elimination)의 가능성이 상실된다.[31]

포퍼는 또한 새로운 연구 문제의 지속적 전개를 과학적 진보의 징표로서 제시하였다. 즉, 과학의 진보는 기존 연구 문제를 해결함으로써 새로운 연구 문제를 창출하는 과정으로 볼 수 있다는 것이다.[32] 그는 연구 문제의 선정과 그 풀이 방식이 엄격히 통제될 뿐만 아니라 교조적인 주입식 교육을 통해 '판박이 과학자'들을 끊임없이 배출하는 정상과학의 정치적 역동을 아래와 같이 맹렬히 공격하고 있다.[33]

> 쿤이 말한 정상과학자는 잘못 배운 사람이다. [……] 즉 그는 교조적 훈육의 희생자(a victim of indoctrination)이다. 정상과학자는 왜 그래야 하는지 묻지 않고 분석 기법들을 배운다. 결과적으로 그는 내가 말하는 '순수과학자'에 대비되는 소위 '응용과학자'가 된다. 그는 쿤이 말한 것처럼 단지 '수수께끼'(puzzles)를 푸는 데 만족해한다. 수수께끼라는 용어는 쿤이 정상과학자들이 다루려는 연구 문제가 근본적 문제(fundamental problem)가 아니라는 점을 지적하기 위해 사용한

---

31 Popper, K., *Knowledge and the Body-Mind Problem: In Defence of Interaction* (London and New York: Routledge, 1994a), p. 134.

32 Popper, K., "The Growth of Scientific Knowledge," in D. Miller, ed., *Popper Selections* (Princeton, NJ: Princeton University Press, 1985b), pp. 179~180.

33 Popper, K., "Normal Science and Its Dangers"(1970), p. 53.

것으로 생각된다. 수수께끼는 정상과학자들이 어떻게 풀 수 있는지를 이미 배운 문제, 즉 '일상적 문제'이다. 쿤은 이러한 문제를 지배 이론(곧 패러다임)이 적용될 수 있는 문제로 규정했다. 정상과학자의 과학적 성공은 전적으로 상정된 연구 문제를 푸는 데 있어서 지배 이론이 적절하고도 완벽하게 적용될 수 있다는 것을 보여주는 것일 뿐이다.[34]

물론 이러한 포퍼의 견해는 순수과학성의 존재에 대한 그의 소박한 확신을 반영하는 것이라고 볼 수 있지만, 또 한편으로 과학행위의 개방성과 창조성에 근거한 과학민주주의, 곧 과학적 자유를 모색하는 규범적 처방으로 받아들여질 수 있을 것이다.

---

34 Popper, K., "Normal Science and Its Dangers"(1970), p. 35.

제3장

이념적 동원과 실익 교환*

* 『21세기 정치학회보』 제17집 3호(21세기 정치학회, 2007. 12.)에 게재된 저자의 연구 논문 「과학방법론의 사회적 인증: 정치적 교환과 선택의 역동」을 전면적으로 재검토하여 대폭 수정, 보완한 것임.

과학적 연구의 틀은 '지배 이론'과 함께 그에 비추어 사물을 보는 방식, 더 나아가 세계관과 인생관까지 포함한다. 따라서 이 틀은 종교적 원리, 정치적 · 예술적 신조나 이데올로기처럼 추종자들을 사회적으로 결속시킨다.[1] (Karl Popper)

1. 유리스틱과 과학적 · 정치사회적 패권

앞서 논의한 바와 같이 유리스틱의 과학적 적실성은 과학적 · 과학 외적 패권의 소산이다. 즉, 어떤 유리스틱은 그것을 창출한 핵심 세력이 장악하고 있는 과학행위의 거버넌스 네트워크가 어느 정도의 효율성을 발휘하는가, 그리고 핵심 세력이 어느 정도의 정치사회적 후원을 획득하는가에 따라 인증과 수용의 범주가 결정된다. "강한 과학"과 "약한 과학"의 차이는 바로 여기에 놓여 있다. 견고한 유리스틱, 그에 따라 생산된 지식의 광범위한 축적과 확산, 다양하고도 두터운 층위의 추종자 등을 특징으로 하는 "강한 과학"은 곧 과학적 · 정치사회적으로 인증된 패권에 의해 엄격히 규제되는 과학체계이며, 반대로 "약한 과학"은 핵심 세력이 명백하게 부상되지 않았거나 과학사회 안팎에서 정당성을 인증 받지 못함에

1 Popper, K., *The Myth of the Framework: In Defence of Science and Rationality*(London and New York: Routledge, 1994b), p. 55에서 인용.

따라 지식 생산 네트워크가 불안정성을 나타내는 유동적 과학체계를 지칭한다.

물론 "약한 과학"의 유동성은 "강한 과학"으로의 전환 가능성을 함축한다. 다시 말해서 "약한 과학"의 핵심 세력이 지닌 취약성은 유리스틱의 적실성에 대한 의문과 도전의 확산, 그로 인한 경쟁적 · 대안적 유리스틱의 부상, 유리스틱 간의 갈등에 따른 구성원들의 정체성 위기를 야기한다. 그러나 위기와 갈등을 성공적으로 극복한 "약한 과학"은 견지하고 있는 유리스틱에 대한 신뢰의 수준을 높여감으로써 창조적 변환의 역동성을 점차 상실하는 가운데 안정화의 단계, 곧 "강한 과학"으로의 길로 접어들게 된다. 이러한 안정화 과정 속에서 유리스틱의 주창자들은 과학적 권위, 권위가 보장하는 지식 생산과 확산 기회의 통제력, 과학 외적 영역과의 교호 경로에 대한 독점권을 얻게 되며, 이를 기반으로 강력한 핵심 세력으로서의 위상을 확보하게 된다. 요컨대 "강한 과학"으로의 길은 곧 핵심 세력의 과학적 · 정치사회적 위상이 강화되는 과정이며, 이에 따라 유리스틱의 과학적 적실성은 본질적으로 정치적 성격을 가질 수밖에 없다.[2] 예컨대 황우석이 줄기세포 조작 파문으로 인해 박탈당한 "국가 과학자" 타이틀은 과학적 칭호라기보다는 정치적 칭호였다고 볼 수 있다. 제3장에서는 핵심 세력이 유리스틱의 적실성에 대한 정치사회적 인증을 획득하는 경로를 과학체계의 안정화 과정에서 필연적으로 표출되는 과학적 · 과학 외적 실익 교환, 그리고 그러한 교환을 추동하기 위한 과학자들의 합리적이자 귀속적인 '다리 놓기'(bridging)라는 맥락에서 추적해보기로 한다.

---

2 김웅진, 「지식의 축적과 연구 전통의 진보: 방법론적 네트워크를 중심으로」(1999), pp. 19~20.

2. 후원-수혜 연합의 과학적 거버넌스

킷처(P. Kitcher)에 따르면 "강한 과학"은 "현상을 특정한 방식으로 인지하는 특권"(some privileged way of conceptualizing nature)을 갖는다.[3] 이와 같은 특권은 비단 과학사회뿐만 아니라 여타 사회적 영역에 있어서도 광범위하게 인정되기 때문에 "강한 과학"의 구성원들은 그를 기반으로 연구기금과 자원, 학문적·사회적 권위와 명성, 그리고 그에 수반된 경제적 보상 등 상당한 과학적·과학 외적 실익을 확보할 수 있다. 이에 따라 "강한 과학"은 앞서 제2장에서 논의한 바와 같이 특권의 유지 기제로서 과학행위의 억압적 거버넌스 체계를 구축하는 한편 여타 사회 영역과의 연합을 적극적으로 모색하게 된다. 즉,

> 과학은 학문적 용어, 공유된 과학기술과 전문가 포럼의 독특한 네트워크로서 구성된다. 이러한 네트워크는 애당초 그런 목적으로 구축되지는 않았으나 결국에 가서는 사회 내에 일정한 권력 배분 양식을 창출해낸다. 특히 국가기관과 기업들은 과학사회로 적극 침투한다. 이들은 [연구 과정에] 지원을 제공하거나 중지함으로써 지식 생산 방향을 전략적으로 변경시킬 수 있다.[4]

과학 외적 집단과 과학 집단의 연합은 그를 통해 기대되는 실익의 계측에 입각한 정치적 게임의 소산으로서, 대개 후원-수혜의 형태를 취한다. 후원-수혜 연합은 당사자들 간의 비대칭적 관계로 인한 위계적 성격과

---

3 Kitcher, P., *Science, Truth, and Democracy*(Oxford and New York: Oxford University Press, 2001), p. xii.

4 Fuller, S., *The Governance of Science*(2000), p. 35. [ ] 속의 말은 이해를 돕기 위해 저자가 삽입한 것임.

실익 배분 양상의 유동성에 따른 불안정성을 나타낼 수밖에 없으며, 줄기 세포를 조작한 황우석 연구진에 대한 법적 처벌, 정부 지원 중단과 연구기금 회수와 같이 공적 신뢰(public trust)[5]의 상실로 인해 완전히 붕괴되는 경우도 있다. 따라서 "강한 과학"의 핵심 세력은 후원 집단에게 충분한 실익을 안정적으로 제공해야 한다는 압력을 지속적으로 받게 마련이고, 그러한 압력은 추종자들에게 전이되어 개별 과학자들의 지식 생산, 특히 정치사회적 · 경제적 실익을 보장해주는 지식의 생산을 추동한다. 즉, 지식 생산 행위의 탈과학화 현상이 가속화되는 것이다.

한편 연합의 구조는 기업의 후원[6]과 같이 직접적 연계의 형태를 취할 수도 있고, 국가의 후원처럼 매개 조직을 이용한 간접적 연계 구조를 취할 수도 있다. 예컨대 우리의 경우 〈한국연구재단〉(구 한국학술진흥재단)을 필두로 한 다양한 공적 연구 지원 조직이 연합 매개로 작동하며, 이들은 연합 당사자 간의 관계를 정치적 · 정책적 정황에 맞추어 조정함으로써 연합의 과학적 외견(façade) 역할을 담당한다. 즉, 과학행위의 수월성과 효용성은 매개 조직의 관리 집단과 그들에 의해 선정된 과학적 핵심 세력에 의해 중첩 판정됨으로써 산 과학(live science)과 죽은 과학(dead science), 첨단과학과 낡은 과학이 나누어진다. 최근 '오랫동안 죽었던' 인문과학을 산 과학으로 부활시키려는 정부 지원의 확대[7]나 '잠시 죽었던'

---

5 객관적이자 제도적인 보증을 기반으로 한 상호 신뢰로서 "제도에 근거한 신뢰"(institution-based trust)로 볼 수 있음. 김웅진, 「과학적 신뢰: 과학 헤게모니의 정치적 영상(映像)」, 『신뢰연구』 13: 2(2003), pp. 1~18; Zucker, L., "Production of Trust: Institutional Sources of Economic Structure, 1840~1920," *Research in Organizational Behavior* 8(1986), pp. 53~111 참조.

6 예로서 삼성이 지원하는 〈서울대-SDI 산학 협동 프로그램〉이나 마이크로소프트가 운영하는 〈디지털 정보 격차 해소 연구지원기금(Digital Inclusion)〉 등.

7 최근에 시작된 〈한국연구재단〉(구 한국학술진흥재단)의 "인문한국지원사업"이나 "시민인문강좌지원사업"을 예로 들 수 있음. http://www.krf.or.kr(검색일 2007. 11. 01).

줄기세포 연구를 활성화하기 위한 민간 조직들의 움직임[8]은 모두 이러한 연합의 소산이라고 볼 수 있다. 요컨대 과학적 지식은 정치적 패권과 과학적 패권의 결합 양상에 따라 효용성을 부여받게 되고, 그러한 측면에서 효용성은 곧 연합 당사자의 실익 확보에 대한 공헌도와 동일한 것이다. 바꾸어 말해서,

> 과학적 정당성으로 포장된 과학적 산물(과학적 지식이나 과학기술)의 사회적 효용성은 생산자(과학자)들이나 그에 따라 혜택을 입게 되는 일반인들에 의해 판정되는 것이 아니며, 시민사회에 대한 국가 통제 혹은 기업의 이윤 추구에 대한 공헌도에 따라 탈과학적 · 정치적으로 판정된다. 바꾸어 말해서, 과학은 정치사회 체제의 성격과 상관없이 광범위하게 일반화된 거버넌스 기제(a vehicle of global governance)로서 작동한다고 볼 수 있으며(Fuller, 2000, 8), 이러한 거버넌스 체계 속에서 과학자들의 위상은 "정치적 · 과학적 순응성"(politico-scientific conformity)(Whitley, 1984, 68)을 조건으로 내세운 국가의 후원에 힘입어 정부 · 기업 · 대학 · 연구소 등 고용주에 의해 연구 방향과 내역을 통제 받는 피고용자의 신분으로 전락하게 마련이다.[9]

실익 연합의 결성과 작동에 따른 과학자들의 "정치적 · 과학적 순응성"은 지식 생산 과정에 있어서 사회적으로 인증된 유리스틱으로의 수렴과 회귀, 곧 "과학행위의 동질화"(homogenization of scientific enterprise)로

8 예컨대 황우석이 재개한 줄기세포 연구를 지원하고 있는 재단법인 〈수암생명공학연구원〉이나 줄기세포 조작이 법적 제제를 받았음에도 불구하고 인터넷을 통해 황우석에 대한 지지를 계속하고 있는 〈줄기세포 원천기술지킴이 국민연합〉, 〈대한민국의 희망〉과 같은 민간 조직. http://cafe.daum.net/camrkorea, http://stemcell7.org(검색일 2007. 11. 01).

9 김웅진, 「방법론적 실존: 사회과학연구의 강압성과 산업성」, 『사회과학논집』 21: 2(2004), p. 83에서 인용.

서 표출된다.[10] 즉, 개별 과학자 혹은 과학자 집단은 "강한 과학"이 견지하고 있는 유리스틱을 적극적으로 수용함으로써 그에 수반된 실익을 획득하려는 합리적 선택(rational choice)을 내린다. 이러한 선택은 크게 두 가지 목적을 갖고 있는데, 첫 번째는 실익 교환의 장으로의 공식적 진입을 위한 기회의 획득이며, 두 번째는 과학행위를 편안하게 수행할 수 있는 상황적 여건의 확보, 곧 과학적 대세로의 편승이 보장해주는 안전장치의 모색이다. 이처럼 "강한 과학"은 그에 대한 순응의 대가로서 지식생산 행위를 과학적 · 사회적으로 보호하는 방패(shield)를 제공하기 때문에, 추종자들은 인지습성[11]에 함몰됨으로써 과학행위의 상호 동화에 따른 결속성과 통합성을 나타내게 된다.[12] 다시 말해서, "강한 과학"의 추종자들은 "불패의 환상"(illusion of invulnerability) 또는 "만장일치의 환상"(illusion of unanimity)[13]에 빠져 수용한 유리스틱에 대한 비판적 사고능력을 상실한다. 이로부터 과학적 진보를 추동하는 "창조적 비판"(imaginative criticism), 곧 "편견과 습성적 가정에 대한 도전"[14]이 아니라 기존 유리스틱을 보호하기 위한 획일적 순응과 인지습성이 지식 생산에 있어서 필수조건이 된다는 역설이 초래된다. 즉, "강한 과학"은 곧 정체된 과학, 억압적 · 폐쇄적 패러다임의 족쇄에 얽매어 진보의 역동성을 스스로 소거해나가는 정상과학인 것이다.

---

10 Fuller, S., *The Governance of Science*(2000), p. 110.

11 "인지습성"의 의미에 관해서는 제1장의 각주 3 참조.

12 김웅진, 「과학적 신념, 과학적 패권과 연구 전통의 변환: 방법론적 성찰」, 『사회과학논집』 23: 2(2006a), pp. 5~6.

13 강한 결속력을 지닌 집단의 구성원들이 긴박한 상황에 처할 경우 표출하는 우매한 집단사고(groupthink)의 유형. Janis, I., *Victims of Groupthink*(Boston: Houghton Mifflin, 1972) 참조.

14 Popper, K., *Knowledge and the Body-Mind Problem: In Defence of Interaction* (1994a), p. 141.

한편 "약한 과학"의 구성원들 역시 실익 확보를 위한 합리적 선택을 모색한다. 이른바 과학적 공화주의(scientific republicanism)의 슬로건과 같이 과학 패권에 도전하기 위한 이념적 동원, 생산된 지식을 최대한 확산시키기 위한 매체(학술지나 기타 출판 매체)의 확보, 소규모 학회와 같은 약자 동맹의 결성, "강한 과학"의 유리스틱과의 접점 모색, 더 나아가 정치사회적 약자 집단과의 연대 등은 모두 선택의 대안이 될 수 있다. 특히 "강한 과학"의 거버넌스 네트워크 주변부에 자리 잡고 있는 불만 세력과의 연합 내지는 "강한 과학"의 후원 집단과 경쟁 · 갈등 관계에 놓여 있는 사회 집단과의 연합을 모색하는 대안은 "약한 과학"의 정치적 역동을 명백히 노정한다. 이러한 대안들은 고립된 섬들, 곧 소외된 집단이나 취약 집단들을 연결하는 '다리 놓기' 전략에 속하며, 효율적으로 추진될 경우 "강한 과학"으로의 길을 열어주기도 한다.

예컨대 〈민주노동당〉의 부설연구소인 〈진보정치연구소〉는 정치권력의 배분 구조에 있어서 상대적 취약성을 지닌 정당—"약한 과학"의 구성원들—"강한 과학"의 주변부 과학자들 간의 '다리 놓기'를 통해 결성된 동맹체로서, 「PP」 등 다양한 온라인 · 오프라인 매체를 통한 학술적 동원에 있어서 상당한 소득을 얻고 있다.[15] 〈한국정치연구회〉 역시 1986년 소수 진보좌파 정치학자들에 의해 결성된 이후 20여 년에 걸쳐 『북한정치론』(백산서당, 1990), 『박정희를 넘어서』(푸른숲, 1997), 『동아시아 발전모델은 실패했는가』(삼인, 1998) 등 다수의 전문 연구 서적을 출간하는 가운데 강한 결속력과 포섭력을 발휘하는 소규모의 학문적 포럼으로 성장하였다.[16]

15 특히 〈진보정치연구소〉는 독자적 출판권을 확보하여 『동북아시아 국제질서와 대미관계』(2007), 『정당의 공직후보자 선출방식: 비교사례연구와 민주노동당을 위한 제언』(2008) 등 다양한 범주의 리서치 모노그라프를 출간, 배포함으로써 "약한 과학"의 취약성인 주류 출간 매체에 의한 정치경제적 배척을 극복하고 있다.

16 http://policy.kdlp.org(검색일 2009. 11. 09).

한편 한국 사회과학계에 있어서 또 하나의 약자 동맹인 〈한국주관성연구회〉는 다양한 학문 분야(과학)의 연계를 통해 영향력을 점진적으로 확대해왔다는 점에서 주목을 끈다. 이 연구회는 과거 미시적 경험과학 연구에 있어서 이단(異端)의 주홍글씨를 받았던 Q-방법(Q-Method)을 운용하는 소수 언론학자들을 주축으로 삼아 출발했으나, 언론정보학-심리학-간호학-정치학을 아우르는 교차학제적 동맹을 결성함으로써 독립적 과학 집단으로서의 공식적 인증을 획득했다.[17] 이와 같은 동맹은 킷처가 "정돈된 과학"(well-ordered science) 내에서의 자유로운 연구를 저해하는 인자로 지적한 "부적절한 대표성"(inadequate representation) 혹은 "무지한 자의 폭정"(tyranny of the ignorant)[18]을 '교차학제적 다리 놓기'(cross-disciplinary bridging) 전략을 통해 성공적으로 극복한 사례에 해당된다.

> 과학 집단은 연구 아젠다나 연구 결과가 집단 구성원들의 이해관계를 무시한 것이거나 여타 집단의 이해를 반영할 경우 대표성을 잃게 된다. 이러한 대표성의 제어장치 때문에 한 번 잃은 대표성을 되찾기란 거의 불가능하다. [……] 어떤 과학 집단이 지극히 중요한 것이라고 상정한 연구 문제들은 구성원의 대부분이 그러한 중요성을 인정하지 않을 경우 체계적으로 배척된다.[19]

즉, Q-방법 자체의 타당성과 Q-방법을 통해 풀 수 있는 연구 문제의 과학적 적실성이 애당초 언론학의 "정돈된 (강한) 과학" 내에서 인증되지 못하자 여타 과학의 구성원들이 그러한 타당성과 적실성을 수용하도록

---

17 〈한국주관성연구학회〉의 학술지 『주관성 연구』는 현재 17호까지 발행되었으며, 〈한국연구재단〉의 "등재후보학술지" 자격을 획득하였다.

18 Kitcher, P., *Science, Truth, and Democracy*(2001), pp. 117~135 참조.

19 Kitcher, P., *Science, Truth, and Democracy*(2001), p. 129, 130에서 인용.

설득함으로써 동맹과 연대의 교차학제적 다양화를 모색한 것이다. 이와 같은 전략은 하나의 과학 체계 내에서 상실한 과학 집단으로서의 대표성을 여타 과학 체계 속에서 획득한 적은 대표성을 총합함으로써 복구하려는 전략이었으며, 경험과학적 입장에 전도되어 있는 미국 정치학계의 방법론적 폐쇄성을 타파하기 위해 인터넷의 그늘에 숨어 방법론적 소수파들의 연대를 지향하고 있는 집단인 "미스터 페레스트로이카"(Mr. Perestroika)[20]의 전략과 맥락을 같이 한다고 볼 수 있다.

3. 실익 교환 네트워크의 이념적 동원

그렇다면 위에서 논의한 실익 연합과 '다리 놓기'는 구체적으로 어떻게 진행되며, 또 어떻게 정당화되는가? 이러한 의문에 대한 답은 과학사회를 중심으로 결성되는 이중적 패권 네트워크를 해체함으로써 찾을 수 있다. 우선 과학사회의 거버넌스 네트워크는 보다 포괄적인 사회적 네트워크의 하위 네트워크라는 점에 주목해야 한다. 사회적 네트워크는 공식적으로 제도화된 표면적 네트워크(manifest network)와 상호 귀속성을 축으로 작동하는 이면적 네트워크(latent network)로 구분될 수 있으며, 실익 연합과 '다리 놓기'는 두 가지 층위를 교차하여 이루어진다. 바꾸어 말해서, 두 층위의 네트워크에서 동시에 전개되는 실익 교환의 역동에 따라 연합과 '다리 놓기'의 효율성이 결정된다고 말할 수 있다.

표면적 네트워크에서 이루어지는 실익 교환은 이념적 동질화 혹은 지

---

20 http://groups.yahoo.com/group/perestroika_glasnost_warmhome(검색일 2007. 11. 09); Monroe, K., ed., *Perestroika: The Raucous Revolution in Political Science*(New Haven, Conn: Yale University Press, 2005) 참조.

배 이념으로의 수렴을 통해 정당화된다. 물론 "강한 과학"(수혜 집단)의 지식 생산 행위는 정치사회적 패권 집단, 곧 후원 집단에 의해 뒷받침되기 때문에 교환 당사자 간의 이념적 충돌이 발생하는 경우는 거의 없다고 보아야 한다. "강한 과학"이 수혜의 대가로서 생산, 전파하는 지식들은 사회과학 지식이든 자연과학 지식이든 후원 집단과 그들에 의해 선택된 교환의 중개 집단에 의해 엄격한 이념적 검증을 받게 마련이기 때문이다. 그러나 "약한 과학"의 경우에 이념적 동질화는 아래와 같이 서로 다른 두 가지 맥락에서 이루어진다.

첫 번째로, 정치사회적 패권 집단과의 본질적이자 근원적인 이념적 충돌은 없으나 상당한 사회적 충격을 줄 수 있는 지식을 생산하는 "약한 과학"은 후원 세력을 확보하기 위해 유리스틱의 과학성 적실성과 사회적 효용성을 지배 이념을 빌려 정당화하려 시도한다. 예로서 1970년대에 나타난 인간사회의 본질에 관한 사회생물학적(sociobiological) 해석,[21] 즉 성 역할(sex role)에 대한 고정관념이나 제노포비아(xenophobia)와 같은 인간의 부정적 본성은 절대 치유될 수 없다는 주장에 대해 정치적 · 과학적 비판이 확산되자, 주창자인 윌슨(E. Wilson)은 아래와 같이 대응한 바 있다.

> 급진적인 것이든 그렇지 않은 것이든 모든 정치적 제안(political proposal)들은 심각하게 받아들여지고 논의되어야 한다. 그러나 미래를 위해 어떤 길을 선택하든, 인간의 본성을 제어하는 유전적 제어 인자에 대한 심층적 연구는 루머와 속설을 검증 가능한 지식으로 대체함으로써 사회적 진보에 공헌할 수 있다. [……] 이러한 제어 인자의 존재를 교조적으로 부정하거나 그에 대한 공적 논의를 막아

21 즉 인간사회와 인간 행태의 본성을 사회적 다위니즘(Social Darwinism)에 입각하여 규명한 분석.

서 얻을 수 있는 것은 아무것도 없다. 인간의 요구를 충족시키기 위해 인간적으로 획득되고 널리 공유된 지식, 정치적 검열로부터 자유로운 지식이야말로 인류를 위한 진정한 과학[적 연구의 소산]이다.[22]

이러한 반론은 표면적으로 볼 때 "정치적 검열로부터 자유로운 지식"이야말로 사회적 진보의 추동력이 된다는 신념을 반영하는 것으로 여겨질 수 있으나, 실은 자신의 유리스틱을 지배 이데올로기, 즉 자유민주주의를 빌려 정당화하려는 이념적 '다리 놓기'의 일환이라고 말할 수 있다. 다시 말해서, '과학적 자유를 억압하는 것은 곧 자유민주주의에 대한 도전'이라는 정치적 슬로건을 앞세워 유리스틱의 사회적 효용성을 최종적으로 인증하게 될 정치사회적 패권 집단과의 이념적 동질성을 부각시키고, 그를 바탕으로 연구의 실익을 교환할 수 있는 경로를 모색하려는 정치적 책략의 소산일 가능성이 높다. 혹독한 윤리적 비판과 우려에 대해 줄기세포 생산이 난치병의 고통으로부터의 완전한 해방을 틀림없이 가져다줄 것이라는 담론 조작을 통해 맞선 황우석 연구진의 책략 역시 같은 맥락에서 해석될 수 있다. 물론 여기에서 과학자들의 윤리성을 전면적으로 부정하려는 것은 아니다. 그러나 과학행위는 어디까지나 사회적 행위의 일환이며, 따라서 모든 과학행위는 정치적 성격을 결코 벗어날 수 없다는 점을 다시 한 번 강조할 필요가 있다.

두 번째로, 정치사회적 패권 집단과의 이념적 갈등 상태에 놓여 있는 "약한 과학"은 지배 이데올로기와의 차별성을 부각시킴으로써 대항적 정치사회 집단의 지원을 유도하기 위한 이념적 '다리 놓기'를 시도한다. 물

---

22 Wilson, E., "For Sociobiology," in A. Caplan, ed., *The Sociobiology Debate*(New York: Harper, 1978), p. 302에서 인용. [ ] 속의 말은 이해를 돕기 위해 저자가 삽입한 것임.

론 이러한 유형의 약자 동맹은 교환되는 실익의 범주와 내역이 강자 동맹에 비해 협소할 뿐 아니라 교환 체계의 안정성도 크게 떨어진다. "6.25전쟁은 북한 지도부가 시도한 통일전쟁"이라는 주장으로 인해 기소되어 항소심에서 집행유예 3년의 형을 선고받은 동국대학교 강정구 교수의 끊임없는 이념적 차별화 전략은 약자 동맹의 결성을 유도하기 위한 '다리 놓기' 전략에 속한다고 볼 수 있다. 예컨대 〈국보법폐지국민연대〉와 〈강정구공동대책위〉는 항소심 판결이 내려진 즉시 "학문의 자유에 대한 편협한 시각"에 빠진 지닌 사법부가 "냉전 세력의 시녀로 회귀하려는 적극적 시도"를 하고 있다는 공동 성명서를 발표한 바 있다.[23] 강정구 교수의 주장이 우리 사회과학계에 있어서 지배 이념과의 극심한 충돌로 인해 "약한 과학"의 위상을 벗어나지 못하고 있는 좌파 유리스틱의 소산이라는 점은 명백하며, 이에 따라 〈국보법폐지국민연대〉 등이 신속하게 공동 성명을 발표하였다는 사실은 비단 강정구 교수 개인뿐 아니라 그가 속한 과학 집단의 이념적 '다리 놓기'가 상당한 효과를 거두었다는 점을 시사해준다. 바꾸어 말해서, 강정구 교수 등은 후원 세력을 이념적으로 유인하는 데 성공했을 뿐만 아니라 더 나아가 그들과의 실익 교환 경로를 확보했다고 말할 수 있다. 강정구 교수를 포함한 '약한 좌파 과학'의 구성원들이 이렇게 구축한 경로를 통해 그들의 유리스틱에 따른 지식 생산을 전개하는 데 필요한 자원과 후원 집단의 정치적 행위를 정당화할 수 있는 과학적 근거를 지속적으로 교환하리라는 것은 명백하다. 물론 교환되는 실익은 위에서 논의한 바와 같이 강자 동맹을 통해 교환되는 실익에 비해 극히 빈약한 수준에 머무를 가능성이 높다.

23 「통일뉴스」 보도자료에서 인용. http://www.tongilnews.com/news/articlePrint.html?idxno=75242(검색일 2007. 11. 10).

4. 연대의 귀속성과 과학적 충성심

과학 집단과 후원 집단 사이에 전개되는 실익 교환의 역동은 표면적 네트워크뿐만 아니라 이면적 네트워크를 통해서도 역시 이루어진다. 즉, 후원 집단의 의사결정에 영향을 주기 위한 '다리 놓기'는 표면적 · 제도적(공식적) 네트워크 아래 감추어진 이면적 네트워크, 곧 귀속적 네트워크로의 가입이라는 형태를 취한다. 학연, 지연, 혈연, 장기간에 걸친 교호작용에 따라 형성되는 친밀감 등을 중심으로 구축되는 귀속적 네트워크는 이미 제2장에서 지적한 것처럼 표면적 네트워크를 뒷받침하는 정서적 결속망으로 작동함으로써 실익 교환 연합을 결성하고 유지해나가는 비공식적 기제이다. 이면적 네트워크는 또한 수혜 집단이 후원 집단의 중심부로 접근하기 위해 선택하는 전략적 경로이며, 특히 교환 구조가 중개 집단의 조정을 필요로 하지 않는 직접적 연계의 형태를 취할 경우에 더욱 큰 효율성을 나타낸다. 예로서 공적인 중개 매체나 검증 매체가 전혀 개입되지 않는 사적 후원 집단(기업이나 사설 연구지원재단)과 수혜 집단 간의 실익 교환은 주로 귀속적 유대 관계를 기반으로 삼고 있기 때문에, 수혜 집단은 후원 집단의 핵심적 구성원들과의 사적인 '다리 놓기', 곧 '동창(同窓) 찾기', '지인(知人) 찾기' 등에 상당한 노력을 기울일 수밖에 없는 것이 사실이다.

이면적 네트워크는 타당성에 대한 공적 검증을 요구하지 않는 정서적 연대라는 측면에서 일단 결성될 경우 표면적 네트워크에 비해 상당히 큰 안정성을 나타낸다. 왜냐하면 표면적 네트워크로의 '다리 놓기'가 검증 결과에 따른 실패 가능성을 항상 함축하고 있는 것과 달리 강력한 상호 귀속성을 통해 긴밀성과 응집성을 획득하기 때문이다. 물론 귀속적 연대의 지속성은 공적 연대로의 전환 가능성, 곧 후원 집단에 의해 표면적 네트워크의 형태로서 정당화될 수 있는가의 여부에 따라 결정된다. 즉, 이면적 네트워크는 항상 표면적 네트워크의 가면을 쓰고 작동하기 때문에 후원 집단은 귀속적 연대를 통한 실익 교환이 공적으로 정당화될 수 없을 때 연대 자체를 거부하거나 이미 결성된 연대를 일방적으로 해체할 수 있을 뿐만 아니라, 교환되는 실익의 내역과 교환 방식을 강요할 수 있다. 이처럼 귀속적 연대는 수혜 집단의 입장에서 볼 때 대단히 불공정한 교환 구조임에 틀림없으나 수혜 집단은 교환 구조의 상대적 안정성을 고려하여 불공정성을 수용하는 경향을 보인다. 바꾸어 말해서, 비록 수혜할 수 있는 실익의 규모가 만족스럽지 않다고 하더라도 후원 집단과의 사적 유대를 적극적으로 심화시킬 경우에 실익을 확장하고 교환 구조를 성공적으로 유지할 수 있는 가능성이 크기 때문에 불공정성을 수용하는 것이 합리적이라는 판단을 내리게 마련이다. 그러한 판단은 후원 집단이 추구하는 실익에 대한 민감성과 종속성을 심화시키며, 더 나아가 수혜 집단의 중심부로 하여금 후원 집단의 실익을 수호하는 과학적 전위대(scientific vanguard)로서의 역할을 자임하도록 한다. 우리 사회에서 적지 않은 물의를 일으키고 있는 제약회사-일부 의사(의과학자)집단 간의 비윤리적 연대는 실익 교환을 위한 '강한 동맹'의 이면적 네트워크에 해당되고, 광고 매체를 통해 '엉터리 약'의 효능을 보증해주는 소수 과학자들의 비과학적 행태나 태국으로 연구실을 옮긴 황우석 연구진-소수 후원 세력의 연대는 귀속적 '다리 놓기'를 통한 약자 동맹의 이면적 네트워크라고 볼 수 있다. 이와 같은 비윤리적 연대는 과학사회의 본질적 패권 구조, 더 나아가 과학 집단-후원 집단 간의 패권적 연대 구조가 존재하는 한 결코 윤리적 슬로건이나 처방을 통해 타파될 수 없다.

한편 이면적 네트워크는 수혜자로 하여금 '다리 놓기' 과정에 있어서 경쟁 집단을 효율적으로 제거하기 위한 배척 기제가 될 수 있다는 측면에서 더욱 큰 흡인력을 갖는다. 즉, 후원 세력을 확보하려는 과학 집단들의 경쟁적 '다리 놓기'는 후원 집단과의 상호 귀속성의 수준에 따라 그 성패가 결정되며, 이러한 상호 귀속성은 극단적인 경우를 제외하고는 변화하지 않는다는 측면에서 경쟁의 불공정성과 배제성을 야기한다. 예로서 수혜 집단의 구성원이 출신 학교나 고향을 바꾸어 후원 집단과의 상호 귀속성을 높임으로써 경쟁 과정에 있어서의 우위를 확보할 수는 없다.

아울러 다양한 귀속성들 간에 통념적으로 부여된 차별적 수월성, 예컨대 '출신 학교보다는 고향', '지방 대학보다는 서울 소재 대학', '국내 대학보다는 해외 대학' 등의 통념은 후원 집단과 수혜 집단 구성원 모두의 선택에 영향을 주게 마련이다. 즉, 과학행위가 하나의 사회적 행위로서 포괄적 지배 이념의 영향을 받는 것과 마찬가지로 과학자들의 사회적 시각 역시 통념을 결코 벗어날 수 없다. 따라서 일정한 유형의 통념적 차별성을 앞세워 후원 경로를 성공적으로 확보한 과학 집단은 그러한 차별성이 전사회적으로 극복되지 않는 한 경쟁 집단을 지속적으로 배제할 수 있는 '다리 놓기'의 독점권을 획득한다. 이와 같은 독점권은 대부분의 과학자들로 하여금 이면적 네트워크로의 '다리 놓기'를 과학행위의 일환으로 자연스럽게 받아들이도록 유도하며, 그럼으로써 과학행위의 정치성과 탈과학성을 더욱 확대시킨다. 연구 기금의 확보에 있어서 대학 간, 과학 영역 간, 과학자 집단 간에 나타나는 차이를 단순히 연구 수행 능력(research calibre)의 차이에 따른 것으로 보기는 어렵다. 최근 엄청난 사회적 물의를 일으킨 '신정아 사건'에서 나타난 것처럼 학력 위조를 통해 사적 연대를 구축함으로써 후원 획득 경쟁에 있어서의 우위를 확보하려 했던 일부 인사들의 행태는 그 본질에 있어서 과학 집단의 '다리 놓기'와 다를 바 없다.

5. 유리스틱의 인증과 전환

요컨대 "강한 과학"으로의 길은 곧 후원 집단과의 실익 교환 구조를 안정적으로 구축하는 과정이며, 유리스틱이나 과학방법론의 인증은 과학적 인증이라기보다는 정치사회적 인증의 성격을 갖는다. 다시 말해서, 유리스틱의 과학적 적실성은 이러한 교환의 부산물이자 과학정치의 역동을 통제하는 중첩적 패권[24]의 영상 내지는 신기루에 불과하다. 따라서 어떤 유리스틱이 지닌 과학적 수월성이란 애당초 존재하지 않는다고 말할 수 있다. 만약 "강한 과학"이 견지하고 있는 유리스틱의 수월성이 거론된다면 그것은 단지 실익 교환을 정당화하기 위한 정치적 담론의 소산일 뿐이다. 오늘날 양자역학(quantum mechanics)이 상정하고 있는 불확정성 명제가 널리 수용되고 있음에도 불구하고 고전적 뉴턴역학(Newtonian physics)의 기계론적 유리스틱이 여전히 과학적 적실성을 인증 받고 있다는 사실은 무엇을 함의하는가? 애당초 "약한 과학"의 약한 유리스틱을 창출한 뉴턴이 〈왕립학회〉를 필두로 한 과학적 패권, 더 나아가 종교 권력과 국가 권력에 대한 '다리 놓기'를 적극적으로 시도한 이유는 무엇인가?[25] 혹독한 비난과 비판을 극복함으로써 현대 정치학의 '강한 유리스틱'으로 자리 잡은 행태과학(behavioral science)을 주도한 미국의 경험과학자들이 지난 반세기에 걸쳐 국가 권력과 긴밀한 유대를 유지해왔다는 사실은 어떤 의미를 갖는가? 우리 사회과학계에 있어서 이른바 정책적 효용성을 지향한 지역 연구가 학문적 성장 산업으로 자리 잡게 된 배경은 무엇인가?

---

24 곧 과학적 패권과 정치사회적 패권이 유기적으로 결합된 패권.

25 자신의 유리스틱에 대한 과학적 · 정치사회적 인증을 목표로 한 뉴턴의 '다리 놓기' 책략에 관해서는 이 책의 제2장, 2, 1) 제도적 제어를 다시 볼 것.

같은 맥락에서 "강한 과학"의 구성원들이 지닌 유능함은 우선 수혜 집단(과학자 집단)의 패권 세력에 의해 부여된 후 다시 국가나 기업과 같은 후원 집단의 패권 세력에 의해 정치사회적으로 추인된다. 즉, 유리스틱의 적실성에 대한 신뢰의 적극적 표명과 실익 교환의 안정화에 대한 공헌이 과학적 유능함의 근거로서 받아들여진다. 이로 인해 "강한 과학"의 구성원들은 유리스틱에 대한 습성적 추종성을 획일적으로 나타내며, 지식 생산 행위 역시 혁신성이라기보다는 보수성, 창조성이라기보다는 답습성을 표출한다. 바꾸어 말해서, 과학자들은 안전한 지식 생산 환경과 유리스틱에 대한 순응성을 교환하는 과학적 교환(scientific exchange), 그리고 사회적 효용성을 지닌 과학적 지식과 연구에 대한 후원을 교환하는 정치적 교환(political exchange)이라는 이중적 교환 구조 속에서 끊임없이 '다리 놓기'를 시도한다. 이에 따라 과학행위는 실익 확보를 위한 정치적 전략의 성격을 필연적으로 나타내게 되는 것이다.

이로부터 쿤이 패러다임의 혁명적 전환의 단초로서 제시한 "변칙 현상"과의 조우와 그에 따른 "본연적 긴장"[26] 혹은 포퍼가 과학적 진보의 필수조건으로 상정한 기존 이론의 "합리적 재구축"(rational reconstruction)[27]이 갖는 정치사회적 의미를 발견할 수 있다. 기존 패러다임의 유리스틱으로 풀 수 없는 "변칙 현상"과의 조우는 결코 과학적으로 이루어질 수 없다. 왜냐하면 정치사회적 · 과학적 패권의 전면적 재배열과 그에 따른 지배 이념 및 과학적 세계관의 급격한 전환이 이루어지지 않는 한 "변칙 현상"을 인지할 수 없기 때문이다. 즉, "변칙 현상"의 탐지를 유도하는 과학적 회의는 패권 세력에 의해 엄격히 통제되고, 소수의

26 Kuhn, T., *The Structure of Scientific Revolutions*(1970), pp. 52~65; 제1장의 각주 25 참조.

27 Popper, K., *The Logic of Scientific Discovery*(1999b), pp. 31~32.

급진적 범법 과학자들에 의해 제시되는 "변칙 현상"들은 패러다임의 변환을 야기할 수 있는 "심상치 않은"(more than non-trivial) 현상[28]이 아니라 연구 과정에 있어서의 오류, 혹은 무능력의 소산으로 치부된다.

기존 이론의 합리적 재구축은 순수한 과학적 합리성 이상의 것을 요구한다. 포퍼가 과학적 진보로서 규정한 "보다 깊은 설명 층위로의 진보"(progressing to deeper layers of explanation)[29]를 달성하기 위해서는 논리적 합리성을 넘어서는 정치적 합리성이 작동해야 하며, 정치적 합리성이란 바로 실익 확보 대안의 효율성 계측에 요구되는 합리성을 지칭한다. 이러한 맥락에서, 과학적 진보는 단순히 연구 대상 현상을 보다 폭넓게, 보다 명확하게 설명할 수 있는 이론이 아니라 핵심 세력이 지정한 현상을 보다 정확하고도 명쾌하게 설명할 수 있는 이론의 구축을 의미한다고 말할 수 있을 것이다. 핵심 세력의 입장에서 볼 때 하찮은 현상을 설명할 뿐인 이론의 도출은 결코 과학적 진보로서 받아들여지지 않기 때문이다. 물론 이러한 의미에 있어서의 정치적 합리성에 대해 규범적 · 윤리적인 판단을 내릴 수는 있다. 그러나 과학행위의 절대적이자 보편적인 규범을 상정할 수는 없으며, 설사 그러한 규범이 존재한다고 하더라도 문화적 상대성과 역사 종속성을 벗어나지 못한다. 제(齊)로부터 시작하여 진(秦)과 한(漢)을 거쳐 명(明)에 이르기까지 1,800여 년에 걸쳐 폭압적 전제 정권을 위해 만리장성의 건축에 요구되는 지식을 생산한 고대 중국 과학자들의 정치적 합리성을 비윤리적이라고 치부할 수는 없다. 요컨대 유리스틱의 전환은 곧 정치사회적 · 과학적 패권의 전환에 따라 이루어지며, 따라서 유리스

28 Kuhn, T., *The Essential Tension, Selected Studies in Scientific Tradition and Change*(1977), p. 236.

29 Popper, K., *Objective Knowledge, An Evolutionary Approach*(Oxford: Clarendon Press, 1989), p. 203.

틱을 전환하려는 시도는 패권 구조와 주도 이념의 전환을 지향한다. "강한 과학"을 구축하려는 과학자들의 연합과 '다리 놓기'는 본질적으로 패권 지향적 성격을 갖는다. 파이어라벤드가 권고한 과학방법론의 완전한 폐기[30]는 정치적 패권과 그 후원을 받는 과학 패권에 대한 혐오를 표출한 것이며, "열린 사회"에 대한 포퍼의 열망[31]은 절대적 패권이 붕괴됨으로써 다양한 유리스틱이 용인되는 사회, 자유롭고도 공정한 과학사회에 대한 열망이라고 보아야 한다.

---

30 Feyerabend, P., *Against Method*(1993), p. 14.

31 Popper, K., *The Open Society and Its Enemies* 2, *Hegel and Marx*(1966).

제4장

분석모형, 방법론적 실존과 과학전체주의*

* 『사회과학논집』 제20권 2호(한국외국어대학교 사회과학연구소, 2003. 2.)에 게재된 저자의 연구 논문 「서술적 일반화의 설명력: 사회과학 분석모형의 정치적 성향」을 전면적으로 재검토하여 대폭 수정, 보완한 것임.

아직 못 본 것을 찾는 사람을 위한 모형은 없다. (Paul Eluard)
계량경제학자들은 마치 화가들처럼 모델과 사랑에 빠지는 경향이 있다.[1]

1. 실존, 해석과 모형

사회과학 연구를 포함한 모든 과학 연구의 본질은 분석모형(analytic model, 이하 '모형')[2]을 통해 재구성되는 연구 대상의 "해석과 편집"에 놓여 있다. 즉, 모형은 특정한 유리스틱에 따라 선별된 관측 정보의 재조합, 곧 방법론적 실존을 지칭한다고 볼 수 있다. 김정운의 말을 빌리면,

우리의 삶을 지탱해주는 의미는 해석과 편집의 결과다. 실제 일어났던 사실과

1 필자가 리버흄 펠로우(Leverhulme Fellow)로서 체류(1997~1998)하고 있던 영국 엑시터 대학교(University of Exeter)의 경제학과 게시판에 붙어 있던 문구를 인용한 것임. 폴 엘뤼아르(1895~1952)는 프랑스의 시인이자 초현실주의 운동(surrealist movement)의 창시자 가운데 한 사람.

2 모형은 설명과 예측을 위한 가설적 분석기제로서 투사하려는 현상과의 구조 · 기능적 조응력(structural-functional isomorphism)을 확보한 계도적(啓導的) 장치(heuristic device)를 지칭한다. 즉, 모형은 연구 대상의 인과적 생성 과정에 관여하는 것으로 기대되는 일단의 주요 변인들과 그들 간의 관계 경로를 단순화 · 도식화한 분석 체계이며, 특정한 유리스틱의 이론적 · 방법론적 전제에 입각하여 구축된다.

는 그리 큰 상관이 없다. 중요한 것은 그 일부의 사실을 근거로 만들어낸 의미부여이다. 그래서 옛 애인을 만나면 절대 안 되는 것이다. 사실은 맞지만 해석과 편집으로 인한 왜곡이 확인되기 때문이다. 마치 내가 어릴 적 반나절을 걸어 다녔던 국민학교까지의 그 길이 불과 몇 km에 불과했다는 것을 확인했을 때 허전함과 같다.[3]

초등학교에 다니던 김정운은 "불과 몇 km"를 "반나절을 걷는" 경험적 정보의 독특한 획득 경로(인식 기제)를 통해 대단히 먼 거리로 해석했고, 바로 그러한 해석이 그에게 있어서 실존이었던 것이 분명하다. 또한 옛 애인의 해석된 상(像)은 시간이 흐른 후 우연히 만난 동일 인물의 상, 곧 현재적 인식에 따른 이미지와 다를 수밖에 없기 때문에 관찰자는 혼란에 빠지게 마련이며, 이로부터 어떤 해석이 타당한 것인가를 판정해야 하는 문제에 봉착하게 된다. 요컨대 관측 상황과 맥락의 불가피한 변동이 정보 해석의 안정성을 훼손하기 때문에 모형의 적실성은 본질적으로 상황 종속적인 것이라고 볼 수 있다. 이러한 정보 획득 경로의 유동성과 그에 따른 모형의 불확정성과 불안정성은 비단 "옛 애인을 만나면 절대 안 된다"고 강조한 김정운뿐만 아니라 모든 (사회)과학자들이 늘 부딪히는 난제(難題)이다.

특히 사후 관측(*ex post facto* observation)에 입각한 비실험적 추론(nonexperimental inference)의 성격을 지닌 경험과학 연구에 있어서 모형의 불확정성은 이른바 "검증 불가능한 단순화 가정"(untestable simplifying assumption)[4]을 받아들이는 방식으로 해결되어왔다. 블레이록(H. Blalock)

---

3 김정운, 「기억은 언제나 自作劇이다」, 『월간조선』(2008. 12. 8), p. 510.

4 Blalock, M., *Causal Inferences in Nonexperimental Research*(1964), p. 6.

의 견해를 인용하면,

> [모형 구축은] 제한된 수의 구성변인들을 선택하는 것으로부터 시작된다. 어떤 구성변인들을 모형에 포함시킬 것인가를 결정하기 위해서는 깊은 이론적 성찰이 선행되어야 한다. 그러나 일단 결정이 내려지면 이러한 변인들만을 가지고 모형을 만들어야 한다. 물론 빠뜨린 변인들로부터의 영향력을 처리하기 위해 교란항(error terms)을 포함시킬 수는 있다. 만약 모형이 부적절한 것으로 밝혀지면 새로운 변인들을 추가하거나 다른 방식으로 모형을 수정해야 한다. [……] 다시 말해서 확정적인 모형이란 있을 수 없고, 만약 [같은 현상에 대한] 두 개의 모형이 서로 다른 구성변인들을 포함하고 있을 때 둘 중 하나가 틀렸다고(wrong) 말할 수도 없다.[5]

> 모형은 실존 세계 자체를 보여주는 것이 아니기 때문에, 그리고 상이한 대안적 모형들이 동일한 예측을 할 수 있기 때문에 어떤 모형도 확정될 수 없다. [따라서] 경험적 자료와 일치하지 않는 예측을 한 부적절한 모형을 없애거나 수정할 수 있을 따름이다. [……] 그렇기 때문에 모형을 구축할 때에는 모형에서 누락된 변인들로부터 야기되는 교란(disturbances)을 인정할 수밖에 없으며, 이러한 외부 변인의 영향력을 통제하기 위한 [잠정적] 가정을 세워야 한다.[6]

이처럼 모형의 불확정성과 불안정성을 누락된 변인의 교란 효과로 간주하는 입장은 세 가지 전제를 반영한다고 볼 수 있다. 첫째, 일단의 방법

---

5 Blalock, M., *Causal Inferences in Nonexperimental Research*(1964), p. 15. [ ] 속의 말은 이해를 돕기 위해 저자가 삽입한 것임.

6 Blalock, M., *Causal Inferences in Nonexperimental Research*(1964), p. 173. [ ] 속의 말은 이해를 돕기 위해 저자가 삽입한 것임.

론적 기제를 통해 관측의 상황 종속성을 제어함으로써 획득 정보의 내적 일관성(internal consistency)과 상호주관성(intersubjectivity)[7]을 확보할 수 있다는 전제이다. 둘째, 경험적 정보의 타당한 조합 방식(해석 방식)이 존재한다는 전제이다. 예컨대 시간적 순차(temporal order), 항상적 연계(constant conjunction)나 공변 규칙성(covariance pattern) 등 다양한 유형의 정성적 · 정량적 인과 추론 척도를 통해 모형이 지향하는 설명과 예측을 위한 정보의 논리적 조합이 가능하다는 것이다. 셋째, 이러한 기제와 척도들은 모두 타당성이 광범위하게 인증된 것들이라는 전제이다. 이와 같은 세 가지 전제 위에 모형의 불확정성은 "분석 논리와 실제 조사 연구의 본연적 간극"(an inherent gap between the languages of theory and research)[8]을 반영하는 과학적으로 불가피한 현상으로 받아들여지고 있으며, 이에 따라 같은 현상에 대한 다른 모형들의 병치(併置)가 용인되고, 모형의 상대적 적실성은 단지 예측 성공률에 따라 판정된다. 다시 말해서 모형의 불확정성은 본질적으로 방법론적 문제로 치부된다.

그렇다면 김정운을 혼란에 빠뜨린 옛 애인의 두 가지 상반된 상(모형) 역시 방법론적으로 제어될 수 있는가? 만약 제어될 수 있다면 그것은 인증된 방법이 보장하는 또 따른 허상(虛像)이 아닌가? 4장에서는 해석의 방법론적 제어를 통해 구축되는 모든 모형을 과학적 패권의 가공물로 규정하여 그 가공 과정이 노정하는 정치적 성격을 추적해보기로 한다.

---

7 곧 방법론적(도구적) 객관성(instrumental objectivity).

8 Blalock, M., *Causal Inferences in Nonexperimental Research*(1964), p. 5.

2. 모형: 가공된 실존의 선험적 기대

모형은 본질적으로 유리스틱에 입각한 논리적 기대의 소산이다. 왜냐하면 모형이 투사하려 하는 현상의 구성인자들과[9] 그들 간의 연계 구조가 이미 유리스틱에 의해 상정되어 있기 때문이다. 따라서 모형의 검증은 경험적 정보가 이와 같은 선험적 구조에 상응하여 체계적으로 배열될 수 있으리라는 기대의 구현 가능성을 추적하는 작업이며, 바로 그렇기 때문에 설명적이라기보다는 서술적(descriptive) 성격을 갖는다. 바꾸어 말해서, 모형의 검증은 작동 변인(operating variables)들 간의 연계 구조가 사후 관측을 통해 방법론적으로 가공될 수 있는가에 초점을 맞추고 있으며, 각 변인의 본연적 속성이나 존재양식을 규정함에 있어서는 유리스틱이 인증하고 있는 정의(definition)[10]를 액면 그대로 수용할 뿐이다. 즉, 모형은 개별 현상들이 표출하는 "이질성을 축소하여 이들을 동질적 카테고리에 귀속"시킴으로써 이들 간의 "관계 질서"(order among particulars)를 일반화한다.[11] 예컨대 경험과학 모형에 있어서 변인의 본연적 이질성은 관측 경험의 방법론적 처치, 곧 합의된 분석 규준에 따라 측정 타당성(measurement validity)이 확보된 정보 전달 매체[12]의 사용을 통해 축소된다.

물론 방법론적으로 획일화된 매체가 상당 수준에 달하는 관측 경험의

9 구성 변인(constructs) 또는 작동 변인.

10 대부분의 경우 맥락 정의(contextual definition)로부터 조작 정의(operational definition)에 이르기까지 모든 단계에서의 정의가 수용된다.

11 Boynton, G., "On Getting from Here to There: Reflections on Two Paragraphs and Other Things," in E. Ostrom, ed., *Strategies of Political Inquiry*(Beverly Hills, CA: Sage, 1982), pp. 39~40.

12 다양한 계량지표나 지수들(quantitative indicators/indices).

동일성을 확보해준다는 점을 부정할 수는 없다. 그러나 앞서 지적한 바와 같이 모형은 본질적으로 서술 기제이기 때문에 관측 경험의 방법론적 처치를 통해 모형의 불확정성을 제거하기란 불가능하다. 즉, 본질적 개방성으로부터 야기되는 서술의 유동성은 모형으로 전이된다. 보인턴(G. Boynton)에 따르면,

> 서술이란 대상[의 존재양식]에 관한 진술 작업을 지칭한다. 즉, 서술은 설명하려는 구체적 현상들에 초점을 맞추고 있기 때문에 특정한 시간적 · 공간적 맥락 속에서 이루어지며, 따라서 보편성이 떨어진다. 어떤 현상을 서술하는 방식은 잠재적으로 무한하다(potentially infinite). 이러한 잠재적 무한성은 대개의 경우 서술자의 목적에 따라 제어되며 이는 서술의 정밀성을 판정하기 위한 척도 역시 서술자의 고유한 의도에 따라 구축된다는 것을 함의한다.[13]

서술의 개방성은 작동 변인들의 관계 구조를 설정함에 있어서 더욱 심각한 문제를 야기한다. 예로서 가장 대표적인 경험과학 모형인 구조방정식 모형(structural equation model)[14]은 모수(parameters)들이 일정 기간[15] 동안 변동하지 않을 뿐더러 각 변인의 값은 평형 조건(equilibrium-type condition)을 충족시키고 있다는 방법론적 전제에 기반을 두고 있는데, 이는 관측과 서술의 불가피한 상황 종속성과 정면으로 배치된다.[16] 이처럼 구조방정식 모형의 관계 구조는 어디까지나 가정적(assumptive)이기 때문

13 Boynton, G., "On Getting from Here to There: Reflections on Two Paragraphs and Other Things"(1982), pp. 49~50. [ ] 속의 말은 이해를 돕기 위해 저자가 삽입한 것임.

14 혹은 구조모형.

15 곧 연구의 시간적 범주.

16 James, L., Mulaik, A., and Brett, J., *Causal Analysis, Assumptions, Models, and Data*(Beverly Hills, CA: Sage, 1982), pp. 49~54.

에 현실 상황 속에서의 예측 실패가 이미 논리적으로 함축되어 있다. 다시 말해서 전제와 상이한 현실 상황 속에서의 예측은 애당초 상정될 수 없으며, 이에 따라 방법론적 실존인 모형이 다시 방법론적 실존을 예측한다는 논점 회피(question-begging)가 표출된다. "X(독립 변인)가 굳은 다음 Y(종속 변인)가 움직이면 X와 Y 사이에 화살표를 그리라"(run arrow from X to Y if Y starts after X freezes: X→Y)는 규준[17]은 인과 관계의 논리적 추론 척도에 맞추어 현실을 방법론적으로 가공하라는 방법론적 제안에 불과하다. 모형은 본질적으로 대상의 존재양식에 관한 "주장"(argument)이나 "이야기"(story-telling)일 뿐이고,[18] 모형의 현실 조응 기능(isomorphic function) 역시 방법론적 실존 속에서만 확보될 수 있다.

이와 같이 모든 모형은 타당한 이야기 방식, 곧 인증된 서술 기제를 상정하고 있으며 그러한 기제는 가공적 실존을 구성하는 핵심 인자의 규정 방식, 규정된 인자를 표사하기 위한 정보의 선별 방식, 정보와 모형 구조의 조응성을 판정하기 위한 척도의 선택 방식을 모두 포괄하는 강력한 유리스틱에 입각하여 구축된다. 즉, 특정한 기제를 통해 진행되는 이야기는 이미 유리스틱에 따라 기대된 것에 불과하다. "옛 애인을 만나면 절대 안 된다"는 김정운의 강변(强辯)은 서술 기제의 불가피한 변동을 기정사실로 받아들이고 있다. 그러나 대부분의 (사회)과학자들은 우연히 옛 애인을 만나도 결코 당황하지 않는다. 감각 정보(sensa)의 차이가 해석과 편집의 획일성으로 소거되기 때문이다. 과학사회 내에서 적실성이 광범위하게 인증된 정상과학은 연구 대상을 유리스틱(패러다임)의 속에 "억지로 구겨 넣

---

17 Davis, J., *The Logic of Causal Order, Quantitative Applications in the Social Sciences* 55(Newbury Park, CA: Sage, 1985), p. 10.

18 Shipan, C., "Model," in M. Lewis-Beck, A. Bryman, and T. Liao, eds., *The SAGE Encyclopedia of Social Science Method*, Vol. 2(Thousand Oaks, CA: Sage, 2004), p. 655.

기" 때문에[19] 다시 만난 옛 애인의 모습은 전혀 변하지 않은 것으로 해석되게 마련이다. 모형의 불확정성을 확정성으로, 이야기를 실존으로, 주장을 사실로 받아들이도록 강요하는 힘은 "강한 과학"의 패권과 흡인력으로부터 나온다고 말할 수 있다.

모형은 파이어라벤드가 지적한 바와 같이 "우리 모두는 다른 세상에 살고 있다"는 견해를 결코 받아들이지 않을 뿐만 아니라 "어떤 사람의 지루한 일상사"를 상세히 추적하지도 않는다.[20] 즉, 모형은 유리스틱에 따라 재구성된 방법론적 실존, "경이와 혁신의 잠재성"[21]이 상실된 실존의 형해(形骸)만을 보여줄 뿐이며, 그렇게 해석된 실존 속에서 고유한 목표와 의도, 상황 인식 능력과 대응 능력, 정서적 역동성과 가치를 지닌 인간은 일반화된 원형적 인간으로, 그의 구체적 행위는 보편적 행위양식으로 환원된다.[22]

3. 은폐와 기피의 과학정치

그렇다면 과학자들은 왜 서술의 개방성을 제어하려 하는가? 무엇이 유리스틱의 과학적 적실성과 타당성을 당연한 것으로 받아들이도록 만드는가? 모형의 본질적 불확정성을 방법론적 전제로서 호도(糊塗)하는 이유는 무엇인가? 이로부터 어떠한 과학적 실익을 기대할 수 있는가? 더 나아

---

19 Kuhn, T., *The Structure of Scientific Revolutions*(1970), p. 24.

20 Feyerabend, P., "Knowledge and the Role of Theories"(1988), p. 157.

21 Almond, G. and Genco, S., "Clouds, Clocks, and the Study of Politics," *World Politics* 29: 4(1977), p. 502.

22 김웅진, 『신화와 성화: 과학방법론의 패권정치』(2001), pp. 34~36.

가 예측의 지속적 실패에도 불구하고 왜 모형에 집착하는가? 이와 같은 일련의 의문에 대한 답은 유리스틱에 대한 과학자들의 신뢰와 순응이야말로 모형 구축을 포함한 모든 과학행위의 가장 강력한 추동력이 된다는 사실에서 찾을 수 있다. 즉, 과학행위는 연구 전통의 강화라는 정치적 목표, 그리고 그러한 목표를 달성하기 위해 작동하는 과학적 · 과학 외적 패권 기제에 의해 이중적으로 통제된다.

한 과학자의 개별적 연구 행위는 그가 속한 연구 전통의 강화를 지향한 집단 행위의 일부가 될 때 비로소 지속성과 안정성을 보장받을 수 있다. 즉, 연구 문제와 그 풀이 방식에 관한 과학자 개인의 선택은 동료 집단의 선택과 일치하는 것일 경우에 한해, 그리고 그러한 집단이 강력하고도 주도적인 연구 전통을 구성하고 있다는 전제 하에 적실성과 타당성을 인정받게 된다. 이러한 맥락에서 과학행위는 본질적으로 연구 전통의 안정화를 달성하기 위한 사회적 행위이며, 따라서 연구 전통을 통제하는 핵심 세력의 정치적 감찰을 피할 수 없다.

모형의 구축과 검증 작업 역시 예외가 아니다. 모형이 과연 기대된 설명력과 예측력을 발휘할 수 있는지의 여부는 구축 과정이 인증된 분석 규준(유리스틱)에 따라 진행되는 한 그다지 심각한 문제로 부각되지 않는다. 즉, 모형의 과학적 적실성은 잠재적 분석력(analytic potential)이 아니라 구축 절차와 경로의 방법론적 타당성에 따라 판정된다. 바꾸어 말해서, 유리스틱에 대한 순응성이 곧 과학성의 표징이 되며, 이에 따라 개별 과학자의 창의성은 모형의 구축 과정에서 방법론적으로 배제되어 해석과 편집의 획일성이 확보된다.

과학적 패권을 독점하고 있는 핵심 세력은 구성원들에게 두 가지 압력을 행사한다. 첫째, 앞선 논의를 통해 지적한 바와 같이 유리스틱을 엄격히 준수함으로써 연구 프로그램의 방어환(防禦環, protective belt)[23]을 확장할 수 있는 모형을 생산하라는 압력이다. 둘째, 모형의 예측력을 높여 유리스틱의 실용성을 과시함으로써 연구 전통의 사회적 위상과 명성을 강화하라는 압력이다. 이러한 압력을 적극적으로 수용하여 예측 성공률이 높은 모형을 구축한 과학자는 상당한 수준의 유형적 · 무형적 보상을 받게 되며, '유능한 과학자'의 칭호는 곧 실익의 보증수표가 된다.

이로부터 예측의 의도적 기피 현상이 발생한다. 왜냐하면 예측의 지속적 실패는 모형이 근거하고 있는 유리스틱의 과학적 위상에 적지 않은 타격을 주기 때문이다. 물론 이와 같은 지속적 실패가 곧바로 연구 전통, 패러다임이나 연구 프로그램의 급속한 전환을 야기하지는 않는다. 기존의 유리스틱을 통해 설명되거나 예측될 수 없는 "변칙 현상"과의 조우는 과학 체계의 혁명적 전환에 있어서 단지 필요조건일 뿐이기 때문이다.[24] 즉, "변칙 현상"과의 조우가 연구 전통 내에서 새로운 세계관을 모색하는 대항 집단의 결성을 초래하지 않는다면 결코 과학혁명이 진행될 수 없다. 어떤 연구 전통이 "강한 과학"의 위상을 향유하고 있는 한 그러한 연구 전통의 유리스틱에 입각해 구축된 모형의 과학적 적실성은 설명력과 예측력에 상관없이 지속적으로 인증된다. 그럼에도 불구하고 대부분의 과학자들은 모형의 예측 실패 사례를 의도적으로 보고하지 않을 뿐만 아니라 실패를 초래할 가능성이 큰 예측을 애당초 기피한다. 실패 사례를 밝힘으로써 모형이 기초하고 있는 유리스틱, 더 나아가 연구 전통 자체의 취약성을 공공연히 드러내는 정치적 모험을 감행할 필요가 없기 때문이다. 이처럼 예측의 실패는 기존의 세계관과 새롭게 움튼 세계관 간의 "본연적 긴장"을 조성함으로써 과학적 진보의 단초를 제공해줄 수 있음에도

---

23 서론의 각주 20 참조.

24 Kuhn, T., *The Structure of Scientific Revolutions*(1970), p. 52~91.

불구하고[25] 대부분 은폐된다.

실패한 예측의 은폐는 과학정치의 강압성과 배타성에 비추어볼 때 지극히 당연한 현상이다. 과학자들은 연구 전통에 대한 적극적 순응이 보장해주는 실익, 곧 과학자로서의 안정적 위상과 지식 생산 기회, 지식 생산에 대한 정치적 · 경제사회적 보상 등을 확보하기 위해 과학행위를 자발적으로 통제하게 마련이다. 역으로 자신이 구축한 모형의 지속적 예측 실패를 공개적으로 노출하여 연구 전통의 명성을 훼손하는 과학자는 무능한 과학자의 낙인을 받을 가능성이 높고, 더 나아가 연구 전통에 대한 정치적 반항자로 간주되어 치명적 불이익을 받을 수도 있다. 이에 따라 과학적 · 과학 외적 실익의 박탈을 기꺼이 감수하면서까지 연구 전통에 도전하려는 과학자는 적어도 성숙한 정상과학의 단계에 진입한 과학 체계 내에서는 찾아보기 어렵다. 결국 대부분의 정상과학자들은 예측의 의도적 기피를 통해 자신이 구축한 모형뿐만 아니라 모형이 입각하고 있는 유리스틱을 방어하려는 태도를 취한다. 요컨대 모든 연구 전통이 지니고 있는 패권적 자기 보호 기제가 과학자들로 하여금 모형의 예측 실패에 대한 공공연한 노출 혹은 예측 자체를 회피하게 만든다고 말할 수 있다.

4. 해체와 재구성의 정치적 역동

모형을 통한 방법론적 실존의 패권적 구성은 정치사회적 현실에 조응하여 지속적으로 전개된다. 특히 연구 전통의 패권 기제는 모형을 통해

25 제1장의 각주 25 참조. 쿤은 모든 연구 전통이 기존의 세계관에 대항하는 새로운 세계관의 부상 가능성을 애당초 함축하고 있다고 주장한다.

투사될 현상을 선별하고 제안한다. 이러한 측면에서 과학자들의 모형 구축 작업은 결코 자유롭지 못하다. 흔히 '경향'이나 '대세'(大勢)로 정당화되는 연구 정향은 연구 전통을 후원하는 정치경제적 패권과 연구 전통의 핵심 세력 간의 합의 내지는 정치경제적 패권에 대한 핵심 세력의 자발적 제안과 과학적 추파(秋波)의 소산이라는 사실을 부정할 수 없다. 왜냐하면 앞서 논의한 바와 같이 어떤 연구 전통도 정치경제적 패권과의 연합 없이 "강한 과학"의 위상을 획득하거나 유지할 수 없기 때문이다. 이는 과학행위가 기업 행위와 유사하다는 점을 시사해준다. 다시 말해서 연구 전통은 곧 과학 기업(science enterprise)의 성격을, 연구 전통의 패권 집단은 기업가(entrepreneur)의 성격을 갖는다. 김웅진에 따르면,

> 사회과학의 실천성과 사회적 효용성은 과연 어떠한 의미를 지니는가? 그것은 혹 연구 전통, 특히 그 가운데에서도 '강한 과학'의 위치를 차지하고 있음에 따라 상당한 과학 외적 실익을 가져다주고 있는 과학 체계를 보위한다는 측면에서의 실천성에 불과한 것은 아닌가? [……] 특정한 과학 체계가 지닌 유리스틱과 그러한 유리스틱을 창출해내는 핵심 세력을 보호하려는 지식 헤게모니의 소산이 아닌가? 흔히 과학의 실천성은 생산된 지식의 정치사회적 · 경제적 실용성이라는 맥락에서 거론된다. 즉, 정치사회적 목표의 달성에 공헌하는 지식을 생산하는 과학행위만이 실천성을 갖춘 것으로 평가됨으로써 탈과학적 목표가 과학적 정향을 규제하는 과학의 정치화, 과학행위의 정치적 제어 현상이 발생한다. 포퍼는 [……] 정상과학자들이 지닌 과학적 도그마의 위험성을 지적하고 있는데(Popper 1987, 53), 이러한 도그마는 과학적 시각의 전환을 추동하는 창조적 사고를 억압하기 위한 정치적 공정(political engineering)의 소산이라고 말할 수 있다. 과학적 지식의 실천성은 그 생산 과정에 있어서 사유의 자유가 전제되지 않는 한 정치 이데올로기의 허상일 뿐이다.[26]

국가를 필두로 한 정치경제적 패권 기제는 과학사회와의 경제적 교환망을 통해 지식 생산의 정향과 내역을 제어한다. 정치경제적 패권 기제는 구입할 지식의 목록을 제시함으로써 과학의 산업화와 기업화를 유도하며, 생산자들 간의 치열한 경쟁을 조장하여 이러한 목록의 배타성과 폐쇄성을 더욱 강화한다. 예컨대 〈한국연구재단〉을 포함한 각급 공적 · 사적 연구 지원 기구와 기금은 과학행위의 영역을 이른바 지식의 실천성, 곧 정치적 · 정책적 합목적성에 상응하여 조정하고 있으며, 이에 따라 생산되는 과학적 지식의 규격화가 초래된다. 지식의 '품질보증제'가 작동하는 것이다.

과학의 기업화는 또한 연구 전통의 계서화, 더 나아가 인수합병을 야기한다. 즉, 우수한 품질의 지식을 생산하는 연구 전통과 그렇지 못한 열등한 연구 전통이 명백히 구분되고, 이에 따라 연구 전통의 파산과 합병이 진행됨으로써 과학사회의 모든 영역에 걸쳐 획일화된 지식 생산 라인과 기제가 구축된다. 최근 거론되고 있는 인문학의 위기, 혹은 대학 교육 과정의 대폭적 개편 등은 이러한 과학적 파산과 인수합병의 표징일 뿐이다. 정상과학은 패러다임의 획일화에 앞서 정치경제적 패권의 요구에 대한 순응성의 획일화를 함축하고 있기 때문에 억압적 패러다임(유리스틱)에 따라 구축된 모형들은 정치경제적 패권의 기대에 부응하여 재구성된 실존일 뿐이다. 이는 정치경제적 패권의 변동이 곧 "강한 과학"의 변동, 더 나아가 모형의 변동을 초래한다는 사실을 보여준다. 정치경제적 패권의 세계관, 목표와 이데올로기는 과학사회 속에 필연적으로 침투되며, 따라서 패권의 변동은 과학관과 과학 연구의 정향에 심각한 충격을 가져온다. 즉, 붕괴된 정치경제적 패권을 반영하는 모형들은 점진적으로 폐기되거

26 김웅진, 『과학헤게모니의 정치적 영상』(2005), pp. 75~76.

나 재구성되고, 새로운 모형들이 새롭게 부상한 패권을 반영하는 방식으로 구축된다.

> 정상과학의 억압성은 과학사회가 보편적인 정치사회의 한 하부 구성단위라는 측면에서 보다 근원적으로는 정치경제적 패권 집단에 의해 간접적으로 조성된 억압성이라고 볼 수 있다. 즉, 과학자의 개별적 지식 생산 행위는 권력 엘리트들에 의해 그 주도적 위상을 명시적 · 암시적으로 보호받고 있는 과학 체계 내의 핵심 세력이 구축한 강력한 과학 네트워크를 통해 제어된다. 이는 특히 사회적으로 독점성과 배타성을 인정받고 있는 '강한 과학 체계'의 경우에 더욱 두드러지게 나타난다. 주도적 패러다임은 정치적으로 배타성과 독점성을 부여받고 있는 과학 체계이며, 그러한 패러다임을 주도하는 핵심 세력의 위상 역시 정치권력에 의해 뒷받침된다 해도 과언이 아니다.[27]

5. '유연한 모형'의 모색

사회 현상은 결코 획일적으로 규정될 수 없다. 왜냐하면 사회는 특정한 역사문화적 지각을 반영하는 인간의 인식과 해석, 목표와 동기에 따라 끊임없이 가공되는 유동성을 표출하기 때문이다. 따라서 사회과학 연구는 사회 현상의 단순한 방법론적 재현이라기보다는 사회구성원들이 사회 구조와 기제, 절차와 과정에 부여하는 의미의 네트워크를 추적하는 데 초점을 맞추어야 한다. 콜린스(H. Collins)에 따르면,

27 김웅진, 『과학헤게모니의 정치적 영상』(2005), p. 77.

> 개념[인식]과 사회적 협약은 일종의 네트워크 속에서 상호 보강된다. 바로 이러한 현상이 어떻게 질서가 유지되는지를 설명해준다. 다시 말해서 개념과 협약은 '생활양식'(forms of life) 속에서 '서로 파고든다'(jointly entrenched).[28]

이렇게 볼 때 해석의 획일화를 유도하는 모형, 견고한 모형, 경직된 모형은 전체주의적 과학관의 소산일 따름이다. 과학전체주의는 과학 외적 · 정치경제적 패권에 대한 과학의 예속을 초래할 뿐 아니라 지식의 다양한 함의를 폐쇄함으로써 과학의 진보를 가로막는 가장 높은 장벽이 된다. 다시 김웅진의 견해를 인용하면,

> 연구 전통을 보호하려는 의도적 예측 기피는 실패한 모형을 통해 과학적 진보의 가능성을 발견하지 못하는 과학적 우매(愚昧)의 소산일 뿐이다. 과학적 우매란 유리스틱에 대한 무지라기보다는 그것에 대한 무비판적 수용을 의미한다. 유리스틱의 무비판적 · 무조건적 수용은 '사고방식의 구성을 의도적으로 남의 손에 맡겨놓는' 정치적 기회주의의 소산이라는 측면에서 지극히 비도덕적 · 비윤리적인 것이다. 과학적 윤리성은 연구 목표의 윤리성, 연구 대상에 대한 접근 방식의 윤리성, 연구 결과의 윤리성이라기보다는 연구 주체가 수행하는 모든 과학 행위를 일관하여 표출되는 사고의 창의성과 정치적 · 이념적 자유를 지칭하는 것이라고 본다. 그리고 이러한 윤리성은 과학적 시각의 문화적 다양성과 고유성을 인정함으로써 이른바 '과학적 보편성'이라는 이데올로기적 슬로건을 타파할 수 있는 힘의 원천이 된다.[29]

28 Collins, H., *Changing Order: Replication and Induction in Scientific Practice*(1985), p. 2.

29 김웅진, 『과학헤게모니의 정치적 영상』(2005), p. 78.

과학행위는 본질적으로 인간에게 허락된 창조적 인식의 극대화를 통해 삶의 자유로운 지평과 공간을 확장하는 작업이며, 따라서 "강한 과학"의 경직된 모형은 해석과 편집의 다양성이 보장될 수 있도록 재구성될 경우에 한해 본연의 과학성을 회복할 수 있다. 즉 이야기의 유연한 방식과 경로, 곧 '유연한 모형'만이 과학적 자유, 더 나아가 과학적 진보의 추동성을 획득하게 된다.

요컨대 유리스틱의 분석 규준을 위배하여 논리적 결함에 빠진 모형은 있을 수 있으나 예측에 실패하는 '틀린 모형'은 애당초 존재할 수 없다. 모든 모형은 결코 현실 세계를 예측하지 않는다. 모형은 단지 과학자의 고유한 인식과 일단의 방법론적 전제에 따른 가능성과 기대를 예시할 뿐이다. 이러한 기대는 비록 현실 세계와의 구조 · 기능적 조응성(structural-functional isomorphism)을 상실한다 해도 과학적 가치를 상실하지 않는다. 왜냐하면 사회가 갖추어야 할, 혹은 갖출 수 있는 다양한 모습에 대한 희망은 그 자체로서 과학행위의 지침이 되기 때문이다. 모형은 특정한 현실의 잠재적 도래 가능성을 가늠한다. '서로 다른 세상'에서 살고 있는 과학자들을 '모두 같은 세상'으로 몰아넣는 것은 그들을 유리스틱의 수인, 곧 창조적 역동성을 모두 상실한 채 획일화된 지식을 반복적으로 생산하는 단순 조립공으로 만드는 것과 마찬가지이다.[30]

30 바로 여기에서 "과학의 진보, 특히 좋은 과학(good science)의 진보는 참신한 아이디어와 지적 자유(intellectual freedom)를 기반으로 삼고 있기 때문에 일탈자들에 의해 이루어지는 경우가 대부분"이라는 파이어라벤드의 견해가 설득력을 얻게 된다. Feyerabend, P., "How to Defend Society Against Science," in I. Hacking, ed., *Scientific Revolutions*(Oxford: Oxford University Press, 1981), p. 165.

제5장

발견과 연구 전통의 전환*

---

* 『주관성 연구』 제14호(한국주관성연구학회, 2007. 6.)에 게재된 저자의 연구 논문 「우연, 강박, 방법론적 습성과 긴장: 과학적 발견의 추동력」을 전면적으로 재검토하여 대폭 수정, 보완한 것임.

발견은 그 자체의 이야기뿐만 아니라 그 전의 이야기와 그 후의 이야기까지 갖고 있다.[1] (Thomas Kuhn)

독불장군과 이단자들만이 위대한 돌파구를 열 수 있다.[2] (Economist)

1. 발견의 유리스틱 종속성

과학적 진보의 단초는 발견(discovery)으로부터 나온다고 말할 수 있다. 왜냐하면 발견이란 기존 유리스틱으로는 결코 설명할 수 없는 현상과의 조우를 넘어서서, 그와 같은 현상을 기지(既知)의 영역으로 유도할 수 있는 새로운 유리스틱의 구축에 이르는 과학관의 대폭적 전환을 지칭하기 때문이다.[3] 실제로 발견은 기존 연구 전통의 붕괴와 변혁을 가져오는 촉매의 역할을 수행해왔다. 예컨대 코페르니쿠스(Nicolaus Copernicus)의 『천체의 회전에 관하여』(*De revolutionibus orbium coelestium*, 1556)와 다윈

1 Kuhn, T., *The Essential Tension, Selected Studies in Scientific Tradition and Change*(1977), p. 174에서 인용.

2 1991년 2월 16일자 *Economist*, p. 18에서 인용.

3 이처럼 발견은 과학 연구의 궁극적 목표인 설명과 예측이라는 맥락에서 인증되기 때문에 새로운 현상에 대한 경험적 관측과 관측 결과가 지닌 과학적 함의에 대한 최초의 진술(initial statement)에 머무는 것이 아니다. 이렇게 볼 때 콜럼버스(Christopher Columbus)의 신대륙 발견(1492)이나 허셸(William Herschel)의 천왕성 발견(1781)은 엄정한 의미에 있어서 과학적 발견의 영역에 속할 수 없다.

(Charles Darwin)의 『종의 기원』(*On the Origin of Species by Means of Natural Selection, or The Preservation of Favoured Races in the Struggle for Life*, 1859) 등의 저작은 발견을 통해 연구 전통의 혁명적 전환을 야기한 대표적 사례에 해당된다.

그러나 새로운 현상의 설명은 대부분의 경우 기존 연구 전통에 대한 종속성과 순응성을 벗어나지 못한다. 발견에 이르는 과학행위는 어디까지나 발견 주체가 수용하고 있는 유리스틱의 범주 내에서 이루어지며, 그러한 유리스틱의 네트워크 속에서 전개되는 사회적 상호작용에 따라 타당성이 인증된다. 따라서 발견은 본질적으로 과학자 개인의 개별적이자 독립적인 행위가 아니라 집단적이며 사회적인 행위이다.

> 과학자들은 대개 훈련을 통해 획득한 분석의 틀로 사물을 바라보지만 간혹 기존의 분석틀에 잘 들어맞지 않는 것을 만들어내려 시도하기도 한다. 예를 들어 새로운 현상이나 중요한 발견을 뒷받침해주는 이례적인 자료들을 제시하려 애쓴다. 그러나 [과학행위에 있어서] 사적 규칙(private rule)이 없는 것처럼 사적 발견(private discovery)이란 있을 수 없다. 즉, 무엇인가를 발견했다는 주장에 대해 다른 이들이 동의하고, 더 나아가 그것을 당연한 것으로 받아들여야 한다는 점이 가장 중요하다. 즉, 발견이 발견으로 간주되기 위해서는 새로운 공적 규칙, 곧 '[발견자가 걸어간 길과] 같은 방향으로 가는 길'(going on in the same way)을 따르는 규칙이 만들어져야 한다.[4]

한편 발견의 단초로 간주되는 미지의 현상과의 우연적 조우와 그에 대

---

4 Collins, H., *Changing Order: Replication and Induction in Scientific Practice*(London: Sage, 1985), p. 18. [ ] 속의 말은 이해를 돕기 위해 저자가 삽입한 것임.

한 과학적 의문 역시 유리스틱(연구 전통)에 대한 종속성을 탈피할 수 없기 때문에 우연 역시 '단순한 우연'(chance)이라기보다는 '기대된 우연'(serendipity)이라고 볼 수 있다. 즉, 장기간에 걸친 과학적 훈련과 탐색을 통해 형성된 "목표에 대한 집착"과 "결과의 진정한 의미에 대한 통찰력"[5]이 우연의 모습을 지닌 행운을 가져온다.

> 위대한 과학자들은 늘 우연을 강조해왔다. 알렉산더 플레밍(Alexander Fleming)이 내다버리려다 만 페트리 접시에서 페니실린이 나온 것이 좋은 사례이다. 그러나 플레밍의 연구노트가 보여주듯이 [……] 행운은 준비된 자에게 다가온다.[6]

그렇다면 "어둠 속에서 잃어버린 열쇠를 우연히 가로등 아래에서 찾도록"[7] 만드는 발견의 진정한 추동력은 과연 무엇인가? 에인사(F. Ainsa)가 지적했듯이 "축적된 지식에 근거한 담대한 상상"(a great effort of imagination based on the accumulated knowledge of the day)[8]인가? 혹 그것은 순수한 과학적 호기심이나 창조적 탐구욕이라기보다는 한 과학자가 자신이 소속된 연구 전통으로부터 끊임없이 받게 되는 심리적 압박 내지는 실익을 지향한 탈과학적 욕구가 아닌가? 발견이 연구 전통의 전환에 따른 과학적 진보의 계기가 되기 위한 조건은 무엇인가?

---

5 Winter, J., "Creative Research, Description of Some Signposts to Unknown Areas," *Philosophy of the Social Sciences* 25: 4(1995), p. 474.

6 *Economist*(91. 02. 16), p. 18.

7 *Economist*(91. 02. 16), p. 18.

8 Ainsa, F., "Prophecies and Presentiments," *Courier* 5(1992), p. 11.

2. '우연'의 사회공학

'위대한 발견'과 관련된 대중적 이야기들, 예컨대 뉴턴의 '떨어진 사과 이야기'라든가 플레밍의 '푸른곰팡이'(enzyme lysozyme) 이야기, 혹은 전자기효과(electromagnetism)를 발견한 덴마크 과학자 외르스테드(Hans Chrisitian Ørsted, 1777~1851)의 '흔들리는 나침반 자침 이야기' 등은 모두 발견의 우연성을 강조하고 있다. 물론 이러한 우연들은 평범한 현상에 함축된 법칙이나 질서를 추론할 수 있는 과학적 직관과 통찰력을 과장함으로써 특정한 연구 전통 내에서 발견자가 확보한 지배적 위상을 공고히 하기 위해 만들어진 것이지만, 또 한편으로 발견자가 견지하고 있는 유리스틱의 수월성을 강조하기 위해 조작된 것일 가능성이 매우 크다. 실제로 이러한 우연들은 예상된 우연, 기존 유리스틱에 의해 발생할 가능성이 어느 정도 탐지된 개별적 사건들이었다고 말할 수 있다. 즉, 불가해한 현상의 관측이 발견자가 수용하고 있는 유리스틱에 의해 상당한 과학적 의미를 부여받지 못한다면 결코 새로운 설명항의 도출을 위한 단초가 될 수 없을 것이기 때문에, 모든 발견은 본질적으로 기대된 발견(expected discovery)의 성격을 갖는다. 또한 '위대한 발견자'들이 뉴턴의 기계론적 물리학 체계와 같이 강력한 유리스틱을 창출하고 그러한 유리스틱에 기초한 지식 생산망을 제어함으로써 추종자들의 과학행위를 패권적으로 통제한 핵심 세력의 일원이었다는 측면에서, 이들에 의해 이루어진 수많은 우연한 발견(accidental discovery) 이야기들이 사실이 아님에도 불구하고 용인되었거나 암암리에 조장되어왔다고 볼 수 있다.

상당한 과학적 · 사회적 기대를 모았던 유리스틱의 실패 역시 그 원인을 우연에 돌리는 경우가 많다는 점에 주목할 필요가 있다. 예로서 엄청난 사회적 물의를 일으킨 줄기세포 조작 사건에 있어서 별다른 문제없이 성장하던 줄기세포가 "연구실 근처 개 사육장에서 날아든 곰팡이에 오염"[9]되었다는 황우석 전 서울대 교수의 주장은 자신의 유리스틱에 따른 실험의 실패를 우연의 탓으로 돌리려 한 명백한 사례에 해당된다. 이처럼 우연은 그 속에 감추어진 질서를 파악할 수 있는 유리스틱의 능력을 우회적으로 과시하는 매체로 사용될 뿐만 아니라, 때에 따라서는 유리스틱의 실패를 정당화하기 위한 구실이 되기도 한다.

결국 과학적 발견은 연구 전통에 대한 발견자의 불가피한 종속성으로 인해 인증 과정에 있어서 사회공학적 성격을 획득하게 된다. 즉, 발견의 징표인 "불가피한 반박을 통한 기존 이론의 타도"[10]는 일단 특정한 유리스틱을 견지하고 있는 연구 전통의 공적 영역(public stage)에서 적실성을 인증 받음으로써 이른바 "인쇄된 혁명"(revolution on paper)을 야기한 후,[11] 과학계를 넘어서는 광범위한 사회적 수용과 확산 과정을 거친 이후에야 비로소 발견으로 최종 인증된다. 김웅진에 따르면,

> [발견의] 인증은 공식적 · 제도적 인증이나 비공식적 · 정서적 지지 등 다양한 형태를 취할 수 있으며, 특히 범사회적 수용은 과학성이라기보다는 실용성이나 실천성의 정도에 따라 그 범위와 강도가 결정된다고 볼 수 있다. 바꾸어 말해서, 과학계 내외에서의 인증에 실패했기 때문에 발견으로 간주되지 못한 수많은 과학적 탐구가 있을 수 있다는 뜻이다.[12]

---

9 http://news.hankooki.com/lpage/society/200601/h2006011818020222000.htm

10 Popper, K., "The Rationality of Scientific Revolutions," in R. Harré, ed., *Problems of Scientific Revolution: Progress and Obstacles to Progress in Sciences*(Oxford: Clarendon Press, 1975), p. 93.

11 Cohen, I. B., *Revolution in Science*(1985), pp. 28~31.

12 김웅진, 「과학적 발견의 정치사회적 정당화: 적실성의 족쇄와 방법론적 구속성」, 『한국정치학회보』 29: 3(1995), p. 296. [ ] 속의 말은 이해를 돕기 위해 저자가 삽입한 것임.

발견의 공식적 인증은 주로 과학사회가 통제하고 있는 제도적 장치를 통해 이루어진다. 예로서 *Science*, *Nature*, 『한국정치학회보』처럼 권위 있는 학술지[13]를 통한 논문 발표나 발견 내용을 담은 교과서의 채택을 공식적 인증의 제도적 경로로 들 수 있으며, 뉴턴이 개인적 영향력을 행사하여 자신의 추종자인 수학자 맥라우린(Colin Maclaurin 1698~1746), 코우츠(Roger Cotes, 1682~1716)와 천문학자 그레고리(David Gregory 1659~1708)로 하여금 각각 에딘버러(Edinburgh), 케임브리지(Cambridge) 및 옥스퍼드(Oxford) 대학의 교수직을 얻도록 주선한 것과 같이 공식 교육기관의 교육자로서의 위상 부여 역시 이에 포함된다.[14] 또한 17세기 후반 영국의 〈왕립학회〉가 독점하고 있던 과학적 지식의 인증 기능도 제도적(공식적) 인증의 적절한 역사적 사례가 된다. 즉, 〈왕립학회〉는 과학자들이 보고한 실험 결과를 재현해봄으로써 "발견의 우선권"(priority of discovery)을 공증해주는 기능을 독점적으로 수행했으며, 이에 따라 발견을 지향한 모든 과학행위는 이러한 제도적 인증의 확보에 초점이 맞추어졌다. 김영식과 임경순에 따르면,

> 과학자들은 [왕립]학회에 자신들의 연구 결과를 제출함으로써 자신의 연구나 발견이 남보다 먼저였다는 '우선권'을 보장받게 되었으며, 경우에 따라서는 순전히 우선권을 보장받을 목적으로 아직 출판될 수 있는 형태로 다듬어지지 못한 결과물을 봉인된 채로 학회에 제출하는 일도 있었다. [……] 왕립학회와 같은 조직화된 단체가 생겨나면서 과학상의 업적을 그 같은 단체를 통해 발표하는 것이 관습이 되었고 그에 따라 학문적 업적이 확인되고 그 우선권이 보장받게 되었던

---

13 한국의 경우 "한국연구재단 등재학술지"나 "등재후보학술지" 등.
14 Cohen, I. B., *Revolution in Science*(1985), p. 13.

것이다.[15]

공식적 인증은 발견 내용의 발표와 확산을 위한 제도적 장치로의 접근 기회 부여뿐만 아니라 탄소나노튜브를 다발로 묶으면 반도체가 된다는 사실을 세계 최초로 발견한 서울대학교 임지순 교수에게 부여된 "국가 석학"(Star Faculty)의 칭호[16]와 포상과 같은 국가의 후원, 과학 외적 매체(주요 일간지나 방송)를 통한 사회적 확산과 수용, 특허 등의 법률적 인증에 이르기까지 광범위한 경로를 통해 이루어진다.

한편 비공식적 지지는 동료 학자와 추종자들이 발견 내용의 타당성을 다양한 사적 경로를 통해 천명함으로써 발견자와 공유하고 있는 유리스틱의 수월성을 과시하거나, 마이크로소프트(MS) 연구소가 운영하는 〈디지털 정보 격차 해소 연구지원기금〉(Digital Inclusion),[17] 삼성이 지원하는 〈서울대-SDI 산학 협동 연구 프로그램〉[18]처럼 기업이 발견의 실천적 구현을 통해 확보할 수 있는 경제적 실익을 보장받기 위해 대규모의 연구기금을 제공하는 방식으로 이루어진다. 줄기세포 조작이 과학적 · 법적으로 확인되었음에도 불구하고 〈황우석 박사의 연구 재연을 위한 범국민대책협의회〉가 2007년 3월에 대규모 집회를 열어 황우석의 줄기세포 연구에 대한 지원 재개를 촉구한 사건[19] 역시 사적 지지의 사례가 될 수 있다. 요컨대 발견의 단초가 되는 우연은 발견자에 의해 이미 기대된 것일 뿐만

---

15 김영식 · 임경순, 『과학사신론』(서울: 다산출판사, 2004), p. 131. [ ] 속의 말은 이해를 돕기 위해 저자가 삽입한 것임.

16 http://article.joins.com/article/article.asp?ctg=2002&total_ID=25399949

17 http://www.itjr.net/others/news_view.asp?code=16&id=2969&page

18 http://oledcenter.snu.ac.kr/web/notice.php?tb=news&page=13&b_id=115

19 http://www.yonhapnews.co.kr/bulletin/2007/03/24/0200000000AKR20070324059000004.HTML

아니라 "구조 속으로부터"(from within the structure),[20] 즉 그가 속한 과학 체계 내에서 집단적으로 기대된 우연으로서 단지 누가 최초의 진술자가 되느냐가 문제일 뿐이다. 물론 최초의 진술자가 지닌 과학적 통찰력을 폄하해서는 안 되나 발견이 과학 체계 내에서 전개되는 사회공학적 역동의 소산이라는 점을 부인할 수는 없다.

3. 심리적 강박과 강요

발견의 또 다른 추동력은 동일한 과학 체계 내에서 유리스틱을 공유하고 있는 과학자들의 심리적 강박이라고 말할 수 있다. 과학행위는 외부와 격리된 유리상자 속에서 이루어지는 것이 아니라 과학 체계가 속한 보다 광범위한 정치사회 체계의 역동에 따라 방향과 맥락이 규정된다. 과학행위는 과학 체계 내에서 전개되는 모든 지식 생산 과정을 제어하는 과학정치의 소산으로서, 특정한 유리스틱을 보존하려는 과학적 · 과학 외적 패권 집단에 의해 유도되는 강박적 행위의 성격을 갖는다. 황우석 사건에 관한 2006년 5월 5일자 「동아일보」 인터넷판 기사의 일부를 인용하면,

> 그[미국의 유명 신경과학자인 에반 스나이더 박사]는 [……] 전화 통화에서 "황 교수 사건은 대중이나 정부로부터의 압력이 마치 과학이 할리우드인 양 과학자들로 하여금 코너를 돌지 않고 가로질러가도록 강요함으로써 어떤 결과가 빚어지는지를 보여주는 단적인 예"라고 말했다. 스나이더 박사는 "그러나 깊은 내면을 볼 때 황 교수는 진짜로 환자들을 걱정하며, 많은 기술을 가진 훌륭한 사람이라

---

20 Popper, K., "The Rationality of Scientific Revolutions"(1975), p. 82.

고 확신한다"면서 "그러나 그는 갈피를 못 잡은 채 잘못된 방향으로 내달리고 말았다"고 밝혔다.[21]

이와 같은 주장은 특정한 연구 전통을 주도하는 핵심 세력과 그 후원 세력으로서의 국가(정부)나 기업, 그리고 이들에 의해 조작되는 '탐욕스런 대중' 간의 견고한 이해관계 동맹이 과학자들로 하여금 과학적 · 과학외적 실익을 보장해주는 지식을 지속적으로 생산해야 한다는 심리적 강박에 빠지도록 한다는 점을 보여준다. 다시 말해서, 모든 과학자들은 쓸모 있는 과학자로서의 공식적 위상을 유지하려면 적실성과 효용성을 지닌 지식을 끊임없이 생산해야 한다는 사회적 압력을 받고 있다.

특히 연구 전통의 핵심 세력은 애당초 과학적 시각의 공유를 기반으로 삼아 출발하나, 일단 결성되어 패권적이자 배타적인 지식 생산 네트워크를 구축할 경우 "과학행위에 사회적 이해관계를 주입함으로써 과학행위를 비과학적 협상책(non-scientific negotiating tactics)으로 변질시키고 그러한 협상책을 인증된 지식(certified knowledge)을 생산하기 위하여 강요"[22] 하게 된다.

'인증된 지식'은 좁게는 특정한 연구 전통, 보다 넓게는 과학계 내에서 핵심체 구성원들과 그 지지자들의 사회적 이익, 즉 위신과 명예를 포함한 상징적 보상, 경제적 실익, 더 나아가 정치적 영향력 등을 확보해줄 수 있는 지식으로서 이들에 의해 '발견의 소산'으로 주장될 가능성이 크다. 바꾸어 말해서, 핵심체 구성

---

21 [ ] 속의 말은 이해를 돕기 위해 저자가 삽입한 것임. http://www.donga.com/fbin/output?f=kas&code=ka_&n=200605130122

22 Collins, H., *Changing Order: Replication and Induction in Scientific Practice*(1985), p. 144.

원들은 '[이익을 효율적으로 보장해주는] 사회 상황의 조성 작업에 방법론적 적실성을 부여'(Brown 1988)하려 시도하게 마련인 것이다.[23]

따라서 과학자들의 심리적 강박은 세 가지 측면에서 형성될 수 있는데, 첫 번째는 "비과학적 협상책"으로서의 유리스틱을 적극적으로 수용하지 않을 경우 연구 전통으로부터 소외되거나 배척될 가능성이 있다는 심리적 불안감이며, 두 번째는 핵심 세력이 실익 획득에 요구되는 과학적 · 정치적 능력을 충분히 갖추고 있으리라는 계산적 신뢰이고, 세 번째는 핵심 세력이 주도하는 실익 배분에 참여할 수 있으리라는 기대이다. 이러한 불안감-신뢰-기대의 복합 효과로 인해 대부분의 과학자들은 자신이 속한 연구 전통이 견지하고 있는 유리스틱을 반드시 준수하는 가운데 과학행위를 수행해야 한다는 강박에 함몰되고, 강박은 유리스틱과 핵심 세력의 패권에 대한 무조건적 순응, 더 나아가 연구 전통 자체를 반드시 보호해야 한다는 맹목적 신조를 낳게 됨으로써 배타적이자 폐쇄적인 과학 이데올로기로 변질된다. 예컨대 황우석과 그의 유리스틱을 중심으로 결성된 과학 집단은 줄기세포 조작에 대한 법적 · 사회적 단죄가 이미 이루어졌음에도 불구하고 아직 완전히 와해되지 않고 있으며, 오히려 새로운 과학적 성과를 과시함으로써 붕괴된 지식 생산 네트워크를 재구축하려 시도하고 있다. 최근 또 다른 조작 가능성 때문에 주목받고 있는 서울대학교 수의대 이병천 교수의 늑대 복제 성공에 대한 2007년 3월 25일자 언론 보도를 보면,

23 김웅진, 「과학적 발견의 정치사회적 정당화: 적실성의 족쇄와 방법론적 구속성」(1995), p. 306. [ ] 속의 말은 이해를 돕기 위해 저자가 삽입한 것임.

회색 늑대 암컷 두 마리 복제에 성공한 서울대 수의대 이병천(42) 교수는 동물 복제 연구 분야에서 세계 정상급 전문가로 평가받고 있다. 2005년 세계 최초의 복제 개 '스너피'에 이어 지난해 암컷 아프간 하운드 3마리 복제 성공의 중심에는 언제나 '이병천'이라는 이름이 올랐다. 그러나 이 교수도 황우석 사태를 겪으면서 그동안 마음고생이 이만저만 아니었고 한때 연구 좌절의 위기까지 맞았다. [……] 이번에 늑대 복제에 성공하기까지 우여곡절도 많았다. 늑대 복제에 성공한 뒤 논문을 세계적인 과학 저널에 발표하려 했지만 '줄기세포 파문' 때문에 게재를 거부당한 것이다. [……] 결국 자료를 추가해 복제양 돌리를 만든 이언 윌머트 교수가 편집장으로 있는 『클로닝 앤드 스템셀』지에 다시 투고해 이번에 빛을 보게 됐다. 이번 논문에는 2005년 당시 연구 과정 총괄책임자로 참여한 황우석 전 서울대 교수의 이름도 제6저자로 함께 실려 눈길을 끌고 있다.[24]

이러한 보도는 일단 성공적으로 결성된 연구 전통은 쉽게 붕괴되지 않을뿐더러, 비록 붕괴된다 하더라도 복원을 위한 강박적 과학행위가 추종자들이 장기간 견지해온 과학적 신조와 그에 입각한 "불패의 환상"[25]에 힘입어 지속적으로 전개된다는 점을 시사해준다. 즉, "강한 과학"은 사회적으로 인증될 수 있는 지식을 재생산할 수 있는 강력한 자체 복원력을 내포하고 있다고 말할 수 있다. 다시 언론 보도를 인용하면,

세계 최초의 체세포 복제 개 스너피를 출생시켰던 서울대 수의대 이병천 교수팀이 이번에는 멸종 위기 동물인 늑대 복제에 성공했다. 이에 따라 이 교수팀은 복제 실험이 매우 까다로운 갯과(科) 동물의 복제 기술을 보유한 세계 유일의 연

24 http://www.donga.com/fbin/output?n=20073270095&top20=1
25 제3장의 각주 13 참조.

> 구팀이라는 사실이 공식적으로 입증됐다. 특히 이번 연구 결과로 황우석 전 서울대 교수의 논문 조작 사태 이후 극도로 침체됐던 국내 복제 기술 연구에 새로운 분위기가 만들어질 것으로 기대되고 있다. [……] 이번 늑대 복제 논문은 이 분야 권위지인 『클로닝 앤드 스템셀』 3월호에 실렸다. 이 저널의 편집장은 1996년 복제양 돌리를 탄생시킨 영국의 이언 윌머트 박사. 세계적 복제 전문가가 한국의 연구 성과를 인정한 것. 이로써 황우석 사태 이후 위기를 맞았던 국내 복제 기술 연구에 활력이 살아날 것으로 전망된다.[26]

여기에서 "갯과 동물의 복제 기술을 보유한 세계 유일의 연구팀이라는 사실이 공식적으로 입증"되었다는 진술과 연구 결과가 "이 분야 권위지"에 게재되었다는 진술은 단순히 이병천 교수의 연구 성과에 대한 인증에 머무는 것이 아니라, 애당초 그가 소속되어 있던 황우석 연구진 전반의 유리스틱에 대한 간접적이자 제도적인 재인증과 그에 따른 과학적 사면을 함의하고 있다는 점을 부정할 수 없다.

물론 늑대나 개의 복제 또는 줄기세포의 생산은 어디까지나 기술적 성과이기 때문에 과학적 발견의 영역에 속하는가에 대한 의문이 제기될 수 있다. 그러나 앞서 지적한 바와 같이 발견은 ① 미지의 현상과의 조우와 그에 관한 최초의 진술, ② 그러한 현상에 내포되어 있는 질서의 도출(설명), 그리고 ③ 그에 따른 실체적 구현까지 포함하는 복합적이자 단계적인 과정이라는 점을 고려할 때, 특히 두 번째 단계와 세 번째 단계에 관련된 성과를 발견의 일부로 간주해도 무방할 것이다. 이처럼 발견을 포함한 모든 과학행위는 인식과 사고의 창의성이라기보다는 유리스틱과 그를 주도하는 핵심 세력에 대한 과학적 · 정서적 신뢰와 충성심, 그리고 과학 헤게

26 http://www.donga.com/fbin/output?n=20073270095&top20=1

모니에 대한 순응에서 비롯된 심리적 강박으로부터 추동력을 얻는다.

4. 방법론적 순응과 합리적 선택

앞서 논의한 바와 같이 모든 과학행위는 타당한 것으로 인증된 유리스틱의 반복 적용이라는 범주를 벗어날 수 없기 때문에 필연적으로 강한 수렴성과 집단성을 표출한다. 이러한 수렴성은 유리스틱에 따라 적법한(law-abiding) 과학행위를 수행해야만 한다는 신념을 반영하는 방법론적 순응의 소산이라고 말할 수 있다. 방법론적 순응은 과학자들로 하여금 지식 생산의 과정과 절차를 유리스틱에 맞추어 스스로 제어하게 만드는 자기 검열(self-censorship) 기제로 자리 잡게 되며,[27] 그러한 측면에서 과학과 비과학, 정상과학과 범법과학(outlaw science)[28]을 구분하기 위한 규범적 척도로서 작동한다. 이에 따라 방법론적 순응은 "오류로부터의 학습"(learning from our mistakes)[29]을 통한 과학의 진보를 가로막는 요인이라기보다는 오히려 자연스러운 추동력으로 받아들여지기 때문에 방법론적 족쇄가 곧 창조적 발상의 근원으로 간주된다는 이율배반적 상황이 형성된다.

방법론적 순응은 특히 정상과학 연구에 있어서 강하게 표출된다. 즉 "패러다임에 입각한 연구는 다른 방식으로는 전혀 이루어질 수 없고, 패러다임을 버린다는 것은 곧 과학행위 자체를 그만두겠다는 것과 마찬가

---

27 김웅진, 「보편적 과학성의 허상: 사회과학연구의 정치적 수렴성」(2006b), p. 82.

28 서론의 각주 14 참조.

29 Popper, K., *The Myth of the Framework: In Defence of Science and Rationality*(1994b), p. 93.

지"[30]이기 때문에, 패러다임의 전환을 야기하는 일탈 사례와의 조우는 극히 예외적인 경우를 제외하고는 방법론적 순응에 따라 하찮은 사건으로 치부될 뿐이다. 이러한 상황은 바로 방법론적 순응이 과학 체계의 유지와 강화에 있어서 필수조건이 된다는 사실로부터 비롯된 것이다. 다시 김웅진의 견해를 인용하면,

> 모든 과학 체계는 과학적 · 과학 외적 실익 거래의 논리에 따라 조밀하게 구성된 조직과 조직의 효율적 통제를 위한 패권 기제를 갖춘 교환 체계(exchange system)이다. [……] 즉, 과학자들은 패권적 거버넌스 집단으로부터 조직인(organizational man)으로서의 위상을 공식적으로 인증받는 대가로서 지식을 끊임없이 생산하여 제공한다. 따라서 과학 체계 내에서 과학자들이 지닌 사회적 위상은 원활한 실익 교환이라는 목표를 지향한 수단적 위상(instrumental status)이며, 바로 그렇기 때문에 사회적 행위로서의 과학행위는 과학 체계가 견지하고 있는 유리스틱의 엄격한 준수라는 합리적 선택의 성격을 지닐 수밖에 없다.[31]

다시 말해서, 과학 체계는 과학자로서의 조직적 위상, 연구 기회와 자원 등 핵심 세력이 제공해주는 실익과 유리스틱에 대한 추종자들의 순응이 지속적 · 안정적으로 교환되는 정치 체계(political system)의 성격을 갖고 있고, 교환 구조의 평형성(equilibrium)은 핵심 세력의 패권에 따라 구축되는 지식 생산의 통제 기제에 의해 유지된다. 이러한 교환 체계 속에서 전개되는 지식 생산은 반복성과 답습성을 결코 벗어날 수 없으나 유리스틱에 대한 습성적 순응이 전적으로 포퍼가 통렬히 비판한 교조적 훈육

---

30 Kuhn, T., *The Structure of Scientific Revolutions*(1970), p. 34.

31 김웅진, 「보편적 과학성의 허상: 사회과학연구의 정치적 수렴성」(2006b), p. 76.

(indoctrination)[32]으로부터 야기된 것이라고 볼 수는 없다. 왜냐하면 습성적 순응은 과학자들의 의식적 · 의도적 선택의 결과로 표출되는 경우가 많기 때문이다. 과학자들은 과학 체계 속에서 작동하는 억압적 통제 기제의 본질 내지는 통제 기제를 관장하는 과학 권력(핵심 세력)과 그들을 후원하는 정치경제 권력(국가 · 정부 · 기업) 사이에 형성되는 동맹의 작동 양상을 명확히 이해하는 가운데 과학행위의 대상과 방법에 관한 합리적 선택을 내린다고 볼 수 있다.

물론 합리적 선택이 과학행위나 그 소산의 타당성을 항상 보장해주는 것은 아니며, 핵심 세력이 붕괴될 경우 기대된 실익을 획득하지 못하는 것에 더해 과학자로서의 위상 자체에 심각한 타격을 입게 된다. 예컨대 황우석 연구팀의 줄기세포 조작 사건에 있어서 "섞어 심기"를 시도한 김선종 연구원의 선택은 실익 확보의 기회뿐만 아니라 실익 제공 집단 자체를 붕괴시킨 실패한 합리적 선택에 해당된다. 2006년 5월 12일자 「중앙일보」 인터넷판의 기사를 인용하면,

> 김 연구원은 황 박사가 줄기세포 수립을 지속적으로 독려하자 심리적 압박감에서 2~3번 줄기세포에 대해 우발적 · 충동적으로 처음 섞어 심기를 한 후 이후 습관적으로 나머지 섞어 심기를 감행한 사실도 드러났다. [……] 2004년 9월 서울대가 수립한 배반포의 상태가 좋아 줄기세포 확립의 기대감이 높아진 상태에서 갑자기 배반포 상태가 악화되자 황 박사는 "계속 줄기세포가 만들어져야 한다. 만들어질 수 있느냐"고 김 씨에게 물었고 김 씨는 여기에 사실대로 말하지 못하고 "만들어질 수 있다"고 말한 뒤 섞어 심기에 들어갔다. 검찰은 "김 씨가 박종혁 씨가 황 박사에게 실력을 인정받고 미국으로 진출한 것을 지켜본 뒤 자

---

32 Popper, K., "Normal Science and Its Dangers"(1970), p. 35.

신도 박 씨처럼 황 박사에게 인정받아 향후 나은 여건 속에서 연구하고 싶은 욕심도 있었다"고 전했다.[33]

김선종의 습관적 "섞어 심기"를 단순히 핵심 세력의 "지속적 독려"에서 비롯된 심리적 압박을 벗어나기 위한 양동(diversion) 내지는 "우발적 · 충동적 행위"만으로 보기는 어렵다. 왜냐하면 "섞어 심기"는 황우석이 제어하는 실익 교환 체계 속에서 기대했던 실익, 즉 보다 "나은 연구 여건"과 그에 수반된 경제적 이익, 명성 등을 획득하기 위한 적극적 행위의 성격을 갖고 있기 때문이다. 따라서 김선종의 조작 행위는 도덕적 · 윤리적 척도만으로 판단하기 어려운 명백한 정치적 행위이자 나름대로의 실익 계측에 따른 합리적 선택의 소산이라고 보아야 한다.

이로부터 발견 역시 여타 과학행위와 마찬가지로 유리스틱에 대한 습성적 순응과 합리적 선택의 소산이며, 바로 그러한 측면에서 허락된 발견의 성격을 갖는다고 말할 수 있다. 즉, 한 과학자가 우연히 조우한 미지의 현상은 그것이 과연 유리스틱이 상정하고 있는 중요한 연구 문제의 목록에 포함될 수 있는 "심상치 않은"[34] 현상인가의 여부에 관한 과학자의 합리적 판단에 따라 연구 대상으로 상정되거나 무시되고, 발견에 이르는 연구 방법과 절차 역시 유리스틱에 대한 순응이라는 맥락에서 선택된다. 요컨대 하찮은 발견이란 애당초 이루어질 수 없고, 유리스틱을 벗어나는 불법적 발견은 과학적 발견으로 인증되지 못한다. 이처럼 발견은 그 대상과 경로에 있어서 결코 자유롭지 못하다.

결국 성공적 발견의 추동력은 유리스틱에 대한 습성적 순응이며, 그러

33 http://article.joins.com/article/article.asp?total_id=2291137

34 Kuhn, T., *The Essential Tension, Selected Studies in Scientific Tradition and Change* (1977), p. 236.

한 맥락에서 대부분의 발견은 이미 구축된 지식의 탑을 확장하는 데 사용되는 또 하나의 건축 단위에 불과하다고 말할 수 있다. 즉 발견은 그 경로와 과정을 제어한 유리스틱의 수월성을 재확인하는 계기를 제공할 뿐이고, 특히 최초의 발견(initial discovery)으로부터 파생된 후속 발견들은 유리스틱이 지니고 있는 방어환을 더욱 두텁게 하여 연구 프로그램 자체의 과학적 정당성과 수월성을 뒷받침하는 적극적 근거가 된다. 바꾸어 말해서, 이러한 후속 발견들은 새롭게 파생된 수많은 수수께끼들을 설명함으로써 유리스틱과 연구 프로그램으로 하여금 각각 "긍정적 유리스틱"(positive heuristic)과 "진보적 프로그램"(progressive programme)의 위상을 얻도록 한다.[35] 이러한 맥락에서 소위 다윈 혁명(Darwinian Revolution)을 야기한 진화론의 유리스틱은 최초의 발견이 자연과학을 넘어서서 사회과학 연구에 이르기까지 수많은 파생적 발견과 파생적 유리스틱의 구축을 초래한 대표적 사례가 될 수 있다. 코언의 주장을 인용하면,

> 다윈 혁명은 과학의 영역에 있어서 지금까지 발생한 가장 심대한 혁명이었다. 왜냐하면 그 파급 효과와 영향력이 다양한 [과학적] 사고와 신념의 영역에 걸쳐 확산되었기 때문이다. [……] 다윈 혁명은 세계를 정태적이라기보다는 역동적으로 진화하는 것으로 보는 새로운 견해를 낳았고, 따라서 인간사회를 진화의 패턴에 따라 발전하는 것으로 이해하게 만들었던 것이다. [……] 마르크스조차 과학기술과 발명의 진화론적 발전을 예견하는 과정에 있어서 동물의 기관과 관련된 다위니즘의 개념을 인간의 도구적 발전을 분석하는 데 도입하고 있다.[36]

---

35 서론의 각주 7 참조; Lakatos, I., *The Methodology of Scientific Research Programmes* (1986), pp. 4~6.

36 Cohen, I. B., *Revolution in Science*(1985), p. 299. [ ] 속의 말은 이해를 돕기 위해 저자가 삽입한 것임.

여기에서 "새로운 견해"는 어디까지나 다윈이 최초로 제시한 유리스틱의 일탈성과 혁명성을 지칭하는 것이며, 다위니즘을 수용한 자연과학·사회과학 연구의 소산인 후속적 발견들은 이미 새로운 것이 될 수 없다. 그것들은 앞서 논의한 바와 같이 다위니즘의 유리스틱이 지닌 중핵을 보호하기 위한 보조 가설들일 뿐이다.[37] 그렇다면 방법론적 순응이 최초의 발견, 즉 기존의 유리스틱을 일탈하는 발견을 초래하는 것은 무엇 때문인가?

5. 긴장과 우상의 파괴

유리스틱의 혁명적 전환을 야기하는 최초의 발견은 방법론적 순응성에 깊이 빠져 있는 과학자에 의해 달성된다. 즉, 쿤이 지적한 바와 같이 "기존의 과학적 전통에 공고히 뿌리박고 있는 연구만이 그러한 전통을 깨뜨리고 새로운 전통을 구축"[38]할 수 있다. 실제로 유리스틱의 전면적 대체에 따른 새로운 연구 프로그램의 구축 과정은 아리스토텔레스 물리학(Aristotelian physics)에 대한 깊은 이해를 통해 바로 그것을 격파한 갈릴레이(Galileo Galilei 1564~1642)와 같이 "전통주의자이자 동시에 우상파괴자"[39]인 과학자들에 의해 주도되어왔다. 이는 곧 유리스틱에 대한 순응이 과학적 시각의 전환을 야기하는 내적 역동성을 본연적으로 함축하고

---

37 서론의 각주 20 참조.

38 Kuhn, T., *The Essential Tension, Selected Studies in Scientific Tradition and Change* (1977), p. 227.

39 Kuhn, T., *The Essential Tension, Selected Studies in Scientific Tradition and Change* (1977), p. 227.

있다는 사실을 보여준다. 다시 말해서 습성적이자 반복적인 연구가 필연적으로 야기하는 권태와 그로부터 비롯되는 의문과 회의, 더 나아가 경고(warning)야말로 과학적 발견의 진정한 추동력이 된다고 볼 수 있다. "성숙한 과학 체계 속에서 발견과 그에 따른 새로운 이론의 구축에 이르는 서곡은 무지가 아니라 기존 지식과 신념에 무언가 잘못되었다는 인식"인 것이다.[40]

> 예외적 현상(exceptions)은 정말 중요한 사실 정보로 받아들여져야 한다. 이들은 잔잔한 물결을 갑자기 흔드는 파도와 같아 선원들에게 감추어진 암초나 모래톱이 있다는 경고를 보낸다. 예외적 현상은 물밑 암초가 선원들을 괴롭히는 것처럼 과학자들을 짜증나게 만든다. 그런데 선원들은 배를 무사히 몰려면 경고에 따라야 하지만 과학자들은 그렇게 놀랄 필요가 없다. 예외적 현상들은 기존 이론이나 법칙들이 상당히 심각한 한계를 갖는다거나 아예 적용될 수 없다는 힌트를 줄 수 있고, 따라서 아직 발견되지 않은 법칙들을 탐색하기 위한 단초가 된다.[41]

여기에서 최초의 발견에 입각해 우상을 파괴하려는 시도는 핵심 세력과 추종자 간의 계서적 관계를 끊임없이 재생산하는 과학 헤게모니에 대한 정치적 도전이라는 점에 주목할 필요가 있다. 즉 유리스틱의 전환은 곧 과학적 패권의 전환이며, 전환을 지향한 도전의 성공 여부는 도전 집단(도전자)의 정치적 결단에 따라 결정된다. 왜냐하면 이러한 도전은 방법

40 Kuhn, T., *The Essential Tension, Selected Studies in Scientific Tradition and Change*(1977), p. 235.

41 Winter, J., "Creative Research, Description of Some Signposts to Unknown Areas" (1995), p. 475.

론적 순응이 합리적 선택의 소산인 것과 마찬가지로 실익 극대화를 위한 합리적 선택의 결과일 수 있으나, 또 한편으로 과학민주주의를 지향한 규범적 선택의 소산일수도 있기 때문이다. 즉, 대부분의 과학적 발견이 앞서 논의한 것처럼 정치적으로 허락된 발견이라면, '허락되지 않은 발견' 역시 정치적으로 이루어질 수밖에 없다. 파이어라벤드에 따르면,

> 자유를 증진시키기 위해서는, 풍요롭고도 보람찬 삶을 영위하기 위해서는, 그리고 자연과 인간의 비밀을 알아내기 위해서는 [……] 모든 엄정한 전통의 보편적 기준들을 부정해야 한다(물론 현대 과학이 지닌 분석 규준 역시 상당 부분 거부되어야 한다). [……] 역사적 에피소드를 들여다보든 관념과 행위 간의 관계를 추상적으로 분석해보든 결론은 마찬가지이다. 진보를 억제하지 않는 단 하나의 원칙은 바로 이것이다. 마음 내키는 대로, 멋대로 해라(Anything goes)![42]

여기에서 "마음 내키는 대로" 진행되는 과학행위는 곧 창조적 과학행위, 유리스틱에 대한 습성적 순응을 적극적으로 거부하는 우상 파괴 행위를 의미하며, 그러한 일탈 행위는 과학적 패권에 대한 도전이 야기하는 과학적 · 과학 외적 손실을 기꺼이 수용할 수 있을 정도로 강력한 정치적 의지를 필요로 한다. 그러나 이러한 범법 과학자들의 행위가 조직화되지 않는다면 도전은 공허한 슬로건과 에피소드로 끝날 뿐이다. 범법 과학 체계의 성공적 결성은 기존 과학 체계를 뒷받침하고 있는 패권과 동등한 혹은 그 이상의 힘을 지닌 세력의 정치경제적 후원을 요구한다. 결국 창조적 발견의 가능성은 범법 과학 체계의 결성 가능성과 동일한 것이다.

---

42 Feyerabend, P., *Against Method*(1993), p. 12, 14.

당신의 탐색이 과연 목표를 달성했는지 따져보지 말고 당신을 도대체 어디로 데려갔는지 유심히 살펴보라. 만약 기대한 곳으로 데려가지 않았다 해도 발견이 아니라 생각하여 비겁하게 결과를 감추지 말아야 한다. 그보다는 「희랍인 조르바」(*Zorba, the Greek*)에서 안소니 퀸(Anthony Queen)이 한 마지막 대사, 즉 "이보다 더 찬란한 파멸이 있을 수 있는가?"(Did you ever see a more splendiforous crash?)를 기억하는 것이 훨씬 낫다.[43]

---

43 Winter, J., "Creative Research, Description of Some Signposts to Unknown Areas" (1995), p. 475.

결론

과학적 자유와 과학민주주의

― '열린 사회과학'의 모색

서로 다른 사물들이 존재한다면 서로 다른 본질 역시 존재하지 않겠는가?[1] (Karl Popper)

과학행위는 인간의 행위, 곧 전적으로 인간행위이며 단지 인간 행위일 뿐이다. 즉, 과학은 의도적인 인간행위이다.[2] (Andrew Cunningham)

과학은 분명 논리적 사유의 체계이며 따라서 과학행위는 절차적 합리성을 지향한다. 즉, 지식의 끊임없는 합리적 재구축을 통해 창조적 삶의 지평을 확장하고, 더 나아가 무지에서 비롯된 공포의 정치사회적 조작을 타파하는 것이 곧 과학의 궁극적 목표로 간주된다. 실제로 과학은 인류 역사의 전개 과정 속에서 이러한 목표를 달성하기 위한 효율적 기제의 역할을 충실히 수행해왔다. 자연과학에 힘입어 천재지변은 실정(失政)의 소산이 아니라는 사실이 밝혀졌고, 사회과학 연구를 통해 정치 · 경제적 변동의 요인이 규명되었다. 무지로 인한 상황적 구속성을 극복하려는 인간의 끊임없는 과학적 탐구가 교조적 광기에 맞설 수 있는 장대한 합리성의 사원(寺院)을 구축하는 데 성공한 것이다. 그러나 무지의 소거는 새로운 무지의 영역을 노출시킨다. 기지란 잠정적이자 가변적인 현상이며, 지식

1 Popper, K., "The Aim of Science"(1985a), p 166에서 인용.

2 Cunningham, A., "Getting the Game Right: Some Plain Words on the Identity and Invention of Science," *Studies in History and Philosophy of Science* 19: 3(1988), p. 365에서 인용.

은 논리적으로 정당화된 신념(justified belief)일 따름이다.[3] 따라서 과학은 새로운 무지의 영역을 채워 넣기 위해 또다시 새로운 논리적 신념을 생산하는 "지식의 패러독스"(paradox of knowledge)[4]를 벗어날 수 없다.

이로부터 과학적 자유의 의미를 규정할 수 있다. 만약 과학적 지식이 본질적으로 생산자의 "해석과 편집"[5]이 논리적으로 정당화된 신념이라면, 바로 그러한 해석과 편집의 자유가 곧 과학적 자유에 해당된다고 볼 수 있다. 지식 생산 과정의 논리성과 합리성을 부정한다면 과학의 존재 이유가 상실되고, 해석과 편집의 다양성을 억압한다면 인간성 자체가 상실된다. 과학은 어디까지나 인간의 작업(human enterprise)이기 때문에 인간성의 창조적이자 논리적인 구현을 지향한다. 과학적 지식은 자연현상과 사회현상의 역동에 대한 해석과 의미부여를 통해 논리적으로 재구성된 실존을 보여주며, 따라서 외화된 인간성의 실체인 것이다.

그러나 과학적 자유는 이러한 실체의 구성 과정에 있어서의 절차적 이완(弛緩), 곧 방법론적 이완을 뜻하지 않는다. 왜냐하면 과학성은 곧 방법론적 엄정성을 지칭하기 때문이다. "과학은 본질적으로 무정부주의적"(science is essentially anarchic enterprise)이라는 파이어라벤드의 주장은 결코 과학적 분석 규준의 엄정성을 겨냥한 것이 아니다. "이론적 무정부주의가 법칙주의보다 더 인간적일 뿐만 아니라 [과학적] 진보를 추동할 가능성이 크다"(theoretical anarchism is more humanitarian and more likely to encourage progress than its law-and-order alternatives)[6]는 그의 말 속에는 유

3 Gettier, E., "Is Justified True Belief Knowledge?" in P. Moser and A. Vander Net, eds., *Human Knowledge, Classical and Contemporary Approaches*(New York and Oxford: Oxford University Press, 1987), p. 263.

4 Loevinger, L., "The Paradox of Knowledge," *Skeptical Inquirer* 19: 5, p. 21.

5 제4장 1을 볼 것.

리스틱의 논리적 엄정성에 대한 혐오라기보다는 '인식의 자유'에 대한 강한 욕구가 함축되어 있다. 김웅진의 견해를 인용하면,

> 애당초 과학적 지식의 내역과 형태는 일단의 전제와 가정에 의해 규정된다. 즉, 연구자는 연구 대상 현상의 이미지를 나름대로의 메타포를 통해 구성하며, 그에 따라 연구 분석의 전제와 가정을 구축한다. 연구 대상 현상의 이미지는 연구자로 하여금 특정한 인식론적 입장을 선택(선호)하게 함으로써 이해와 해석의 척도, 혹은 적정한 설명의 논리와 연구 퍼즐을 받아들이도록 한다. 이와 같은 맥락에서, 연구 대상 현상의 이미지는 구체적인 연구 퍼즐, 즉 현상의 어떠한 단면을 어떻게 관측할 것인가에 관한 길잡이가 된다. 또한 이러한 이미지는 연구 대상 현상에 관한 지식이 획득되는 매체로서 개념과 연구 방법(논리와 규준)을 제시해준다. 기실 연구 방법론(연구 방법)이란 연구자가 가지고 있는 현상의 이미지와 실존 현상을 연결시켜주는 교량이라고 말할 수 있다.[7]

과학적 자유는 바로 연구 대상의 이미지 설정에 있어서의 자유를 뜻한다. 그러나 일단 자유롭게 설정된 이미지, 곧 해석과 실존 현상을 연결하는 교량은 논리적 구조를 갖추어야 한다. 바로 이것이 과학성과 인간성이 타협할 수 있는 유일한 경로이다. 과학은 대상에 대한 진술의 방법뿐만 아니라 대상의 본질에 대한 이야기(story-telling)이기 때문이다. 그러나 현대 사회과학은 사회와 사회적 인간의 획일적 이미지를 강요함으로써 이러한 타협 경로를 폐쇄해왔다. 즉, 현대 사회과학을 지탱하고 있는 두 개

---

6 Feyerabend, P., *Against Method*(1993), p. 9. [ ] 속의 말은 이해를 돕기 위해 저자가 삽입한 것임.

7 김웅진, 「방법론의 이론 종속성과 이론의 방법론 종속성: 연구방법론의 聖化와 지식의 化石化」(1993), p. 169.

의 강력한 연구 프로그램인 경험주의적 사회과학(empirical social science)과 실재론적 사회과학(realist social science)은 모두 사회를 질서의 체계로, 사회구성원들을 작동 원리(animating principle)에 따라 움직이는 반응적 존재로 규정하고 있다. 예컨대 경험사회과학, 특히 그 가운데에서도 합리주의 연구 전통의 존재론적 기반을 제공한 포퍼에 따르면,

> 분명 어떤 창조적 행위도 완벽하게 설명될 수 없다. 그러나 논리적 추측(conjecture)을 통해 행위자가 처해 있는 '문제 상황'(problem situation)을 하나의 이상형으로 재구축할 수 있으며, 그러한 맥락에서 표출된 행위를 합리적으로 이해할 수 있다. 다시 말해서, 행위자가 상황을 어떻게 보고 어떻게 그에 맞게 행동했는가를 파악할 수 있을 것이다.[8]

이처럼 인간의 사회적 행위를 주어진 상황적 조건 속에서 당면한 문제를 해결하기 위한 합리적이자 반응적 행위로 규정하는 시각은 인간의 본질에 관한 수많은 이미지 가운데 하나에 불과하며, 따라서 이러한 이미지의 고착을 통해 형성된 강한 사회과학의 유리스틱은 사회적 역동에 관한 해석의 다양성과 창의성을 허락하지 않는 과학전체주의의 소산일 뿐이다. 정형화된 이미지의 획일적 수용을 강요하는 전체주의적 사회과학은 비단 과학적 지식뿐만 아니라 사회 자체의 전환과 진보를 두려워하는 반동 세력의 정치 기제로 전락할 가능성이 크다. 새로운 세계관을 지향한 "본연적 긴장"을 억압하는 연구 전통은 진보의 추동력을 상실한 무기력한 사회, 권력 구조의 전환을 두려워하는 빅 브라더(Big Brother)의 사회와

8 Popper, K., *Unended Quest: An Intellectual Autobiography*(Glasgow: Fontana/Collins, 1976), p. 102.

같다.[9]

따라서 '열린 사회과학'은 사회와 사회적 인간에 대한 이미지의 완전한 개방이라는 맥락에서 모색되어야 한다. 즉, '열린 사회과학'이 보장하는 과학적 자유는 연구 대상에 대한 이미지의 자유로운 구축과 그에 입각한 연구 문제의 자유로운 창출을 통해 확보될 수 있다. 이미지는 비록 논증될 수 없는 모호한 것이라고 할지라도 과학자의 창조적 인식을 반영하며, 이러한 인식의 창조적 모호성이야말로 과학적 진보의 추동력이라고 말할 수 있다. "모호성은 변화의 필수조건"(without ambiguity, no change, ever)[10]이며, "정설(定說)은 곧 죽은 지식의 표징"[11]이다.

정치적 민주주의가 정치적 자아의 자유롭고도 창조적인 구현을 지향한다면 과학민주주의는 연구 대상에 대한 인식과 해석의 창의성을 모색한다. 물론 그러한 창의성은 엄정하고 정연한 논리적 진술 구조를 통해 구현되어야 하고, 그것이 바로 과학민주주의의 가장 두드러진 특징이라고 말할 수 있다. 과학민주주의는 과학 패권이 강요하는 정형적 인식을 거부하는 동시에 사유의 논리성을 지향한다. 자연스러운 이미지, 과학 패권의 억압으로부터 벗어난 이미지의 탐색이 과학민주주의에 이르는 지름길이다. '달리 볼 수 있는 길'이 원천적으로 봉쇄된 과학사회, 인식의 폐쇄성이 이념적 · 정치적으로 정당화된 전체주의적 사회과학은 사회적 진보의 장애물일 뿐이다. 왜냐하면 사회는 결국 인간의 창의적 인식을 통해 끊임없이 재구성되기 때문이다. 사회과학은 바로 이처럼 지속적으로 변화하

---

9 Orwell, G., *Nineteen Eighty-Four*(New York: Plume, 1983).

10 Feyerabend, P., *Conquest of Abundance*(Chicago and London: University of Chicago Press, 1999), p. viii.

11 Popper, K., *The Myth of the Framework: In Defence of Science and Rationality*(1994b), p. 34.

는 재구성의 다양한 맥락을 탐색하는 데 연구의 초점을 맞추어야 한다.

> 동일한 세계[……]는 서로 다르게 구성될 수도 있다. [……] 우리는 이 세계를 다르게 말하고 다르게 생각하고 다르게 받아들일 수 있다는 것이다. 아마 사실은 그것을 진술하는 언어의 논리적 형태에 의해 어떤 방식으로든 형상화될 것이다. 이런 논리적 형태들은 하나의 틀을 제공하며, 이 틀을 통해 세상은 특정한 방식으로 조직화될 것이다.[12]

요컨대 사회적 세계를 인식하고 재구성하는 "틀"을 개방하는 것이야말로 '열린 사회과학'의 궁극적 목표라고 말할 수 있다. 이러한 목표는 정치적 자유주의(political liberalism)의 규범을 충실히 따르는 과학사회의 구축을 통해 달성될 수 있다. 즉, 엄혹한 과학 패권의 거버넌스 네트워크로부터 사회과학자들을 해방시킬 때 비로소 사회현상의 이미지와 그에 대한 해석의 창의성이 보장된다. "강한 과학"의 패권은 연구 전통을 배타적 교조로 변질시켜 다양한 과학적 시각의 병존을 인정하지 않는다. 병존이 필연적으로 비교와 경쟁을 야기한다고 믿기 때문이다. 물론 비교 가능성과 경쟁 가능성의 패권적 소거가 곧 "강한 과학"에 이르는 길, 과학행위가 수반하는 실익을 독점하는 길이라는 것은 분명하다. 그러나 포퍼에 따르면,

> 틀들이 서로 비교될 수 없다고 여겨지는 또 하나의 이유는 [……] 이들이 비단 '지배이론'(dominant theory)뿐만 아니라 심리적이자 사회적인 실체를 포함하고

12 노우드 러셀 핸슨, 송진웅 · 조갑경 역, 『과학적 발견의 패턴, 과학의 개념적 기초에 대한 탐구』(서울: 민음사, 1995), p. 63.

있기 때문이다. [즉] 어떤 틀은 지배이론과 그에 따라 사상(事象)을 인식하는 방법, 곧 세계와 생활양식을 인식하는 방법으로 구성되어 있으며, 이에 따라 교회, 정치적 · 예술적 신조 또는 이념과 같이 추종자들을 사회적으로 결속시킨다.[13]

다양한 과학적 시각의 비교는 항상 가능하다. 서로 다른 과학적 시각들이 마치 서로 소통할 수 없는 언어들과 같다는 생각은 위험한 도그마이다. 엄청나게 다른 언어들, 예컨대 영어, 호피족의 언어와 중국어는 서로 번역될 수 있고, 영어를 썩 잘하는 호피 인디언들과 중국인들이 실제로 있다.[14]

영어를 능숙하게 구사하는 중국인처럼 하나의 연구 전통은 다른 연구 전통을 "번역"함으로써 합리적 재구축에 요구되는 외부 비판(external criticism)의 척도를 확보할 수 있다. 상이한 연구 전통(패러다임)들을 비교하여 상대적 수월성을 판정하는 작업은 굳이 쿤의 "공약 불가능성 명제"(thesis of incommensurability)[15]를 빌리지 않는다 해도 세계관의 본질적 상이성으로 인해 불가능하다. 그러나 어떤 연구 전통이 다른 연구 전통의 유리스틱을 자신이 견지하고 있는 유리스틱에 비추어 재구성하여 외부 비판의 내부화를 시도할 수는 있다. 경험사회과학이 실재론적 사회과학의 세계관을 경험과학적으로 재구성하여 그로부터의 비판을 내부화하는 작업은 결코 무의미한 것이 아니다. 왜냐하면 이를 통해 경험과학적 유리

---

13 Popper, K., *The Myth of the Framework: In Defence of Science and Rationality*(1994b), p. 55.

14 Popper, K., "Normal Science and Its Dangers"(1970), p. 56.

15 상이한, 혹은 경쟁적 패러다임들은 서로 완전히 다른 세계관에 기초하고 있기 때문에 연속성이나 상호 연계성을 갖고 있지 않고, 따라서 그들 간의 수월성을 비교 평가할 수 있는 객관적 근거가 존재할 수 없다는 쿤의 주장. 이에 따라 패러다임은 누적적 · 점진적으로 진보한다기보다는 혁명적으로 변동할 수밖에 없다는 것이다. Kuhn, T., *The Structure of Scientific Revolutions*(1970), pp. 92~102.

스틱의 오류를 보정함으로써 진보의 계기를 마련할 수 있기 때문이다. 이러한 맥락에서 볼 때 “공약 불가능성 명제”는 서구의 과학사로부터 도출된 일반적 경향의 역사사회학적 · 지식사회학적 요약에 불과하다고 말할 수 있다.

상이한 연구 전통의 병존이 필연적으로 갈등과 경쟁을 야기하는 것은 아니다. 각 연구 전통의 유리스틱이 담지하고 있는 고유한 이미지와 해석의 척도는 사회현상의 색다른 구성 맥락을 노출시킴으로써 사회과학 지식에 풍요성을 부여할 수 있다. 다른 연구 전통을 압도하려는 시도는 가장 확정적인 인간과 사회의 모습을 탐색하려는 시도가 아니라 과학 외적 실익을 독점하려는 정치적 시도일 뿐이다. 물론 실익을 보장해줄 수 없는 과학 체계는 결코 안정성을 확보할 수 없다. 그러나 단지 실익만을 추동력으로 삼은 과학행위는 과학성을 상실한다. 과학정치의 역동은 바로 과학 연구로부터 과학성을 소거하는 역동, 실존 세계에 대한 인식의 무한한 재구성 가능성을 감추려는 역동이다. 정치적 민주주의가 다원주의에 기반을 둔 이유는 그를 통해 다양한 사회 세력들이 견지하고 있는 목표와 이해관계를 조정 · 통합할 수 있는 접점을 찾아 정치적 공동선을 구현하기 위해서이다. 과학민주주의도 다를 바 없다. 사회과학은 다양한 사회현상의 구성 방식을 제공하고 그렇게 제공된 구성 방식들 간의 접점을 모색해야 한다. 이는 창조적 인식을 제어하는 과학 패권을 해체함으로서만이 가능하다. 과학 패권이 정치적으로 형성된 것처럼 그를 해체하려는 시도 역시 정치적 성격을 가질 수밖에 없다. 즉, 사회과학은 정치적 규범성을 지향해야 한다. 이러한 정치성은 억압과 배제의 정치성이 아니라 관용과 포섭의 정치성이며, 사회과학자들로 하여금 다양한 “꿈”을 꾸도록 만드는 정치성이다.

우리는 어떻게 존재한다고 가정한 세계를 발견할 수 있는가? 답은 분명하다. 연구 전통 속에서는 결코 찾을 수 없다. 외부적 비판 기준이 요구된다. 즉, 완전히 다른 세계를 구성하는 대안적 가정들을 필요로 한다. 즉, 우리는 우리가 그 속에서 살고 있다고 믿는 실존 세계(real world)의 양상을 파악하기 위해 "꿈의 세계"(dream world)를 구성해야 한다. 물론 우리가 지금 살고 있다고 믿는 세계 역시 또 다른 꿈의 세계에 불과한 것이겠지만.[16]

사회과학자들의 꿈은 연구 문제와 유리스틱의 개방을 유도하는 정치적 역동을 통해 실현될 수 있다. 그러한 역동은 비단 과학 연구뿐만 아니라 모든 사회 영역을 교조의 족쇄로부터 해방시키는 관용의 역동을 의미한다. 기실 "대안적 시각을 거부하는 과학적 쇼비니즘"[17]은 진리, 곧 실존 세계의 본질을 파악하려는 인간의 욕구가 표출된 것이라고 볼 수 있다. "진리의 관념"(the idea of truth)과 "확정성의 관념"(the idea of certainty) 간에 필연적으로 노정되는 괴리는 인간으로 하여금 지식의 한계성에 대한 공포를 갖게 만들며, 이에 따라 "광적 신념"(fanatical belief)의 모습을 지닌 교조, 인식의 확정성을 보장해주는 도그마가 자연스럽게 형성된다.[18] 다시 말해서 과학적 인식을 포함한 모든 인간의 인식은 도그마의 그늘 아래 불확정성과 유동성을 극복한다.

교조적 인식은 확정성을 지닌다. 그러나 그러한 확정성은 수학적 확정성과 같은 논리적 확정성, 방법론적 확정성일 뿐이다. 방법론의 확정성이 그를 통해 생산되는 지식의 확정성을 담보해준다는 환상이야말로 과학적

---

16 Feyerabend, P., *Against Method*(1993), p. 22.

17 "[……] the chauvinism of science that resists alternatives to the status quo." Feyerabend, P., *Against Method*(1993), p. 33.

18 Popper, K., *All Life Is Problem Solving*(London and New York: Routledge, 1999a), p. 42.

도그마의 가장 큰 표징이다. 방법론적 진리를 본질적 진리로 규정하는 유리스틱은 심리적 안정감을 보장함으로써 추종자들을 이러한 환상의 늪으로 유도한다. 공유된 환상이 사회적 권위와 결합될 때 과학은 정치적 도구로 전락할 가능성이 크다. 수많은 사회과학 유리스틱들이 도구적 효용성에 대한 정치사회적 패권의 상황적 판정에 따라 부침(浮沈)을 거듭했다는 사실을 결코 부정할 수 없다. 홍성민의 견해를 인용하면,

> 1990년대에 등장한 '워싱턴 컨센서스'(Washington consensus)는 바로 이러한 시대적 상황 속에서 탄생한다. 국내적으로는 미국의 재정 적자를 극복하고, 군사력이 아니라 자본을 통한 세계 지배가 가능할 수 있도록 남미 제국에 대한 새로운 처방을 내리게 된 것이다. 미국의 국제경제연구소에 모인 일군의 학자들은 근대화 이론을 추진해온 세계은행의 원조 정책을 비판하면서 새로운 대책을 마련하는데, 이것이 집약된 것이 바로 워싱턴 컨센서스이다. 한편 이와 같은 신자유주의 정책을 이론적으로 정당화한 것은 주로 시카고대학교의 통화주의자들이었다. 1980년대와 1990년대를 전후로 하여 시카고대학교는 신자유주의 이념을 생산하고 전파하는 지식 생산의 중심이 된다. 다시 한 번 강조하거니와, 대학과 이론의 부상마저도 정치권력의 변동과 궤를 같이 한다.[19]

방법론은 본질에 관한 이야기를 논리적으로 전개할 수 있는 절차적 확정성을 제공할 뿐이며, 따라서 특정한 방법론에 따라 교조의 탈을 쓴 지식(이론)은 '또 다른 이야기'일 따름이다. 즉, 이론의 확정성은 교조의 산물이고, 이론이 지닌 권위는 과학적 권위라기보다는 사회적 권위라고 볼 수 있다.

---

19 홍성민, 『지식과 국제정치』(서울: 한울, 2008), p. 32.

> 과학의 이론적 권위란 생각만큼 크지 않다. 그러나 사회적 권위는 오늘날에 이르러 엄청나게 커졌기 때문에 균형된 [과학] 발전을 달성하기 위해서는 정치적 개입(political interference)이 필요하다.[20]

과학적 지식의 사회적 권위는 바로 교조를 뒷받침하는 패권이 해체될 경우 자연스럽게 붕괴된다. 과학혁명과 정치적 혁명이 동일한 맥락에서 거의 동시에 진행되었다는 역사적 사실이 이를 뒷받침해준다. 바로 여기에서 과학적 자유, '열린 사회과학'을 구축하기 위한 "정치적 개입"이 요구된다. "정치적 개입"의 의미는 명확하다. 패권의 형성이 연구 전통의 구축 과정에 있어서 필요조건이라면 그에 입각한 지식 생산의 거버넌스 네트워크를 인정할 수밖에 없다. 그러나 총제적인 과학사회가 단일한 패권 네트워크에 의해 배타적 · 독점적으로 통제되는 상황을 용인해서는 안 된다. 즉, 강정인이 제안한 "혼융적 담론"의 통로, 곧 "다중심적 문화공간"[21]을 구축하기 위한 헤게모니의 분산을 시도해야 한다. '약한 과학의 약한 과학자'들 간에 전략적 동맹 기제를 구축하고, 그러한 기제에 대한 후원을 적극적으로 동원하여 과학정치의 패권 구도를 다원화할 필요가 있다. 권위주의적 교조에 맞서기 위한 가장 효율적 전략은 새롭고도 유연한 교조, '달리 생각할 수 있는 길'을 허용함으로써 강력한 흡인력을 발휘하는 탄력적 교조를 세우는 것이다.

결론적으로 지식의 불확정성을 극복하려는 과학자들의 본연적 욕구를 결코 제어할 수는 없다. 왜냐하면 그러한 욕구가 바로 과학의 추동력이기 때문이다. 그러나 욕구를 충족시키기 위해, 불확정성의 공포를 극복하기

---

20 Feyerabend, P., *Against Method*(1993), p. 160. [ ] 속의 말은 이해를 돕기 위해 저자가 삽입한 것임.

21 강정인, 『서구중심주의를 넘어서』(서울: 아카넷, 2004), pp. 514~515.

위해 획일적 교조에 함몰되는 과학자들에게 사회적 권위에의 편승이 야기하는 정체성과 창의성의 상실, 궁극적으로는 과학성의 상실을 환기시켜야 한다. 궁극적으로는 정치적 민주주의의 권력 배열 원리가 과학사회 내에서 구현될 때 비로소 과학 패권의 진정한 다원화가 가능하다. 따라서 '열린 사회과학'의 완벽한 구축은 비단 과학의 영역뿐만 아니라 과학 외적 영역, 정치사회적 영역에서의 패권의 분산 과정에 사회과학자들이 적극적으로 참여할 경우에만 가능하다.

참고문헌

1. 우리말 문헌

강정인, 「서구중심주의를 넘어서」(서울: 아카넷, 2004).

김영식 · 임경순, 『과학사신론』(서울: 다산출판사, 2004).

김우택 · 김지희, 「신뢰의 개념과 신뢰연구의 맥락」, 김우택 · 김지희 편, 『한국 사회 신뢰와 불신의 구조』(서울: 소화, 2002), pp. 11~52.

김웅진, 「지식생산경로의 폐쇄성: 정치현실과 정치학적 시각」, 『한국정치학회보』 24: 특(1990), pp. 311~324.

———, 「방법론의 이론 종속성과 이론의 방법론 종속성: 연구방법론의 聖化와 지식의 化石化」, 『한국정치학회보』 27: 1[하](1993), pp. 165~179.

———, 「문제풀이, 범법과학과 과학의 진보」, 『국제정치논총』 34: 2(1994), pp. 535~548.

———, 「과학적 발견의 정치사회적 정당화: 적실성의 족쇄와 방법론적 구속성」, 『한국정치학회보』 29: 3(1995), pp. 295~310.

———, 「지식의 축적과 연구 전통의 진보: 방법론적 네트워크를 중심으로」, 『한국정치학회보』 33: 3(1999), pp. 9~22.

———, 『신화와 성화: 과학방법론의 패권정치』(서울: 전예원, 2001).

———, 「과학적 신뢰: 과학 헤게모니의 정치적 영상(映像)」, 『신뢰연구』 13: 2(2003), pp. 1~18.

———, 「방법론적 실존: 사회과학연구의 강압성과 산업성」, 『사회과학논집』 21: 2(2004), pp. 79~91.

———, 『과학헤게모니의 정치적 영상』(서울: 청목출판사, 2005).

———, 「과학적 신념, 과학적 패권과 연구 전통의 변환: 방법론적 성찰」, 『사회과학논

집』 23: 2(2006a), pp. 1~13.

———, 「보편적 과학성의 허상: 사회과학연구의 정치적 수렴성」, 『세계지역연구논총』 24: 3(2006b), pp. 71~87.

———, 「과학방법론의 사회적 인증: 정치적 교환과 선택의 역동」, 『21세기 정치학회보』 17: 3(2007), pp. 57~71.

김정운, 「기억은 언제나 自作劇이다」, 『월간조선』(2008. 12. 8), pp. 508~513.

김현, 『말들의 풍경』(서울: 문학과지성사, 1990).

노우드 러셀 핸슨, 송진웅 · 조갑경 역, 『과학적 발견의 패턴, 과학의 개념적 기초에 대한 탐구』(서울: 민음사, 1995).

홍성민, 「지식과 국제정치」(서울: 한울, 2008).

2. 외국어 문헌

Ainsa, F., "Prophecies and Presentiments," *Courier* 5(1992), pp. 11~14.

Almond, G. and Genco, S., "Clouds, Clocks, and the Study of Politics," *World Politics* 29: 4(1977), pp. 489~521.

Barnes, B., *T. S. Kuhn and Social Science*(New York: Columbia University Press, 1982).

Blalock, M., *Causal Inferences in Nonexperimental Research*(Chapel Hill, NC: University of North Carolina Press, 1964).

Boynton, G., "On Getting from Here to There: Reflections on Two Paragraphs and Other Things," in E. Ostrom, ed. *Strategies of Political Inquiry*(Beverly Hills, CA: Sage, 1982), pp. 29~68.

Brown, J., "The Experimenters' Social Circle," *Philosophy of the Social Sciences* 18: 1(1988), pp. 101~106.

Collins, H., *Changing Order: Replication and Induction in Scientific Practice*(London: Sage, 1985).

Cohen, I. B., *Revolution in Science*(Cambridge, Mass.: Harvard University Press,

1985).

Cohen, J. and Schofield, R., eds., *Issac Newton's Papers and Letters on Natural Philosophy and Related Documents*(Cambridge, Mass.: Harvard University Press, 1978).

Cunningham, A., "Getting the Game Right: Some Plain Words on the Identity and Invention of Science," *Studies in History and Philosophy of Science* 19: 3(1988), pp. 365~389.

Davis, J., *The Logic of Causal Order, Quantitative Applications in the Social Sciences* 55(Newbury Park, CA: Sage, 1985).

Erikson, K., "Notes on the Sociology of Deviance," in E. Becker, ed. *The Other Side: Perspective on Deviance*(New York: Free Press, 1964).

———, *Wayward Puritans: A Study in the Sociology of Deviance*(New York: John Wiley & Sons, 1966).

Feyerabend, P., "How to Defend Society Against Science," in I. Hacking, ed., *Scientific Revolutions*(Oxford: Oxford University Press, 1981).

———, *Science in a Free Society*(London: Verso, 1985).

———, "Knowledge and the Role of Theories," *Philosophy of the Social Sciences* 18: 2(1988), pp. 157~178.

———, *Against Method*(London and New York: Verso, 1993).

———, *Conquest of Abundance*(Chicago and London: University of Chicago Press, 1999).

Fuller, S., *Social Epistemology*(Bloomington, IN: Indiana University Press, 1983).

———, *The Governance of Science*(Buckingham and Philadelphia: Open University Press, 2000).

Gettier, E., "Is Justified True Belief Knowledge?" in P. Moser and A. Vander Net, eds., *Human Knowledge, Classical and Contemporary Approaches*(New York and Oxford: Oxford University Press, 1987), pp. 263~265.

Hoyningen-Heune, P., *Restructuring Scientific Revolutions*(Chicago and London: University of Chicago Press, 1993).

James, L., Mulaik, A., and Brett, J., *Causal Analysis, Assumptions, Models, and Data*(Beverly Hills, CA: Sage, 1982).

Janis, I., *Victims of Groupthink*(Boston: Houghton Mifflin, 1972).

Johnson, D., "Forbidden Knowledge and Science as Professional Activity," *Monist* 79: 2(1996), pp. 197~217.

Kaplan, A., *The Conduct of Inquiry*(New York: Chandler, 1998).

Kitcher, P., *Science, Truth, and Democracy*(Oxford and New York: Oxford University Press, 2001).

Knoke, D., "Network of Elite Structure and Decision Making," *Sociological Methods & Research* 22: 1(1993), pp. 23~45.

Knorr-Cetina, K., "Social and Scientific Method or What Do We Make of the Distinction between the Natural and the Social Sciences?" *Philosophy of the Social Sciences* 11: 3(1981), pp. 335~359.

Kuhn, T., *The Structure of Scientific Revolutions*(Chicago: University of Chicago Press, 1970).

———, *The Essential Tension, Selected Studies in Scientific Tradition and Change*(Chicago and London: University of Chicago Press, 1977).

———, *The Road Since Structure*(Chicago and London: University of Chicago Press, 2000).

Lakatos, I., *The Methodology of Scientific Research Programmes*(London: Cambridge University Press, 1986).

Lakatos, I. and Feyerabend, P., *For and Against Method*(Chicago: University of Chicago Press, 1999).

Latour, B., *Science in Action*(Cambridge, MA: Harvard University Press, 1987).

Laudan, L., *Progress and Its Problems, Towards a Theory of Scientific Growth*(Berkeley · LA · London: University of California Press, 1978).

———, *Science and Values, The Aim of Science and Their Role in Scientific Debate*(Berkeley · LA · London: University of California Press, 1984).

Loevinger, L., "The Paradox of Knowledge," *Skeptical Inquirer* 19: 5, pp. 18~21.

Margolis, H., *Paradigms and Barriers, How Habits of Mind Govern Scientific Beliefs*(Chicago: The University of Chicago Press, 1993).

McCaghy, C., *Deviant Behavior*(New York: Macmillan, 1976).

Monroe, K., ed., *Perestroika: The Raucous Revolution in Political Science*(New Haven, Conn: Yale University Press, 2005).

Orwell, G., *Nineteen Eighty-Four*(New York: Plume, 1983).

Popper, K., *The Open Society and Its Enemies* 2, *Hegel and Marx*(Princeton, NJ: Princeton University Press, 1966).

———, "Normal Science and Its Dangers," in I. Lakatos and A. Musgrave, eds., *Criticism and the Growth of Knowledge*(Cambridge: Cambridge University Press, 1970), pp. 51~58.

———, "The Rationality of Scientific Revolutions," in R. Harré, ed., *Problems of Scientific Revolution: Progress and Obstacles to Progress in Sciences*(Oxford: Clarendon Press, 1975), pp. 80~106.

———, *Unended Quest: An Intellectual Autobiography*(Glasgow: Fontana/Collins, 1976).

———, "The Aim of Science," in D. Miller, ed., *Popper Selections*(Princeton, NJ: Princeton University Press, 1985a), pp. 161~170.

———, "The Growth of Scientific Knowledge," in D. Miller, ed., *Popper Selections*(Princeton, NJ: Princeton University Press, 1985b), pp. 171~180.

———, *Objective Knowledge, An Evolutionary Approach*(Oxford: Clarendon Press, 1989).

———, *Knowledge and the Body-Mind Problem: In Defence of Interaction* (London and New York: Routledge, 1994a).

———, *The Myth of the Framework: In Defence of Science and Rationality* (London and New York: Routledge, 1994b).

———, *Conjectures and Refutations, The Growth of Scientific Knowledge*(London and New York: Routledge, 1996).

———, *All Life Is Problem Solving*(London and New York: Routledge, 1999a).

———, *The Logic of Scientific Discovery*(London and New York: Routledge, 1999b).

Rudwick, M., *The Great Devonian Controversy: The Shaping of Scientific Knowledge among Gentlemanly Specialists*(Chicago: University of Chicago Press, 1985).

Shapin, S., "Here and Everywhere: Sociology of Scientific Knowledge," *Annual Review of Sociology* Vol. 21(1995), pp. 289~321.

Shapiro, D., Sheppard, B., and Cheraskin, L., "In Theory: Business on a Handshake," *Negotiation Journal* 8(1992), pp. 365~377.

Shipan, C., "Model," in M. Lewis-Beck, A. Bryman, and T. Liao, eds., *The SAGE Encyclopedia of Social Science Method*, Vol. 2(Thousand Oaks, CA: Sage, 2004), pp. 655~665.

Whitley, R., *The Intellectual and Social Organization of Science*(New York: Oxford University Press, 1984).

Winter, J., "Creative Research, Description of Some Signposts to Unknown Areas," *Philosophy of the Social Sciences* 25: 4(1995), pp. 468~478.

Wilson, E., "For Sociobiology," in A. Caplan, ed., *The Sociobiology Debate*(New York: Harper, 1978).

Zucker, L., "Production of Trust: Institutional Sources of Economic Structure, 1840-1920," *Research in Organizational Behavior* 8(1986), pp. 53~111.

3. 인터넷 및 기타 자료

Economist(1992. 2. 16).

http://article.joins.com(JOINS: 「중앙일보」 인터넷판).

http://cafe.daum.net/camrkorea(대한민국의 희망).

http://groups.yahoo.com/group/perestroika_glasnost_warmhome(perestroika_glasnost_warmhome).

http://news.hankooki.com(「한국일보」 인터넷판).

http://oledcenter.snu.ac.kr(서울대학교 OLED Center).

http://policy.kdlp.org(민주노동당 부설 진보정치연구소).

http://stemcell7.org(황우석 줄기세포 원천기술 지킴이 국민연합).

http://www.krf.or.kr(한국연구재단).

http://www.donga.com(동아닷컴: 「동아일보」 인터넷판).

http://www.tongilnews.com/news/articlePrint.html?idxno=75242

http://www.yonhapnews.co.kr(「연합뉴스」).

찾아보기